타노시이
일본어 회화

단계

타노시이 일본어 회화 2단계

지은이 이나가와 유우키
감수자 고마츠 나나
펴낸이 안용백
펴낸곳 (주)넥서스
초판 1쇄 인쇄 2012년 4월 20일
초판 1쇄 발행 2012년 4월 25일

출판신고 1992년 4월 3일 제311-2002-2호
121-840 서울시 마포구 서교동 394-2
Tel (02)330-5500 Fax (02)330-5555

ISBN 978-89-5994-278-7 14730
     978-89-5797-924-2 (세트)

저자와 출판사의 허락 없이 내용의 일부를 인용하거나
발췌하는 것을 금합니다.

가격은 뒤표지에 있습니다.
잘못 만들어진 책은 구입처에서 바꾸어 드립니다.

www.nexusbook.com
넥서스Japanese는 (주)넥서스의 일본어 전문 브랜드입니다.

2
단계

이나가와 유우키 지음 · 고미조 나나 감수

네이티브처럼 생각하고 말하는

타노시이
일본어 회화

넥서스 JAPANESE

前書き

　ネクサス「タノシイ日本語会話」を手に取ってくださった皆さん、こんにちは！この本は日本語の学習者が実際に自分の力で日本語の様々な場面に対応することが出来る力を伸ばせるように作られました。

　突然ですが、皆さんはこんな経験はありませんか。
- いろんな文法や単語は知っているのに、実際に日本人に会うと緊張して上手く話すことが出来ない。
- 日本に行ったとき、相手に言われた言葉にとっさに答えられず、コミュニケーションに挫折してしまった。

　これらはすべて、私自身がかつて韓国語を学んだときに体験したことです。今まで皆さんが学んだ教科書は大抵、文法や単語の習得に重点が置かれていたと思います。ですから、皆さんも「可能形」、「使役形」、「授受表現」などについての文法的な知識はあるのではないかと思います。でも、実際にそれらをどんな場面でどのように使えば効果的なのか知っていますか？どんなに素晴らしい道具を持っていても、それを適切に使うことができなければ、それこそ「宝の持ち腐れ」ですよね。

　この教科書は学習者の皆さんが日本語でコミュニケーションを取る時に日常でよく出会う場面や状況を基に構成されています。それぞれの場面でどのような言葉を使えば、より効果的に対処できるかを考え、練習することができるようになっています。

　ですから、日本語の文法を学ぶことを目的とした（皆さんが今まで勉強してきたであろう）教科書とは違って、この教科書には課ごとに決められた文型や単語というものがあらかじめ設定されていません。もちろん、ヒントとしての表現や単語は提示してありますが、それらはあくまでも目安であり、必ずそれを使って練習しなくてはいけないということではありません。つまり、いわゆる「模範解答」というものが存在しないのです。文法中心に勉強を進めてきた学習者は最初、ちょっと戸惑うかもしれません。

　大事なことは日本語を使って「○○ができるようになる」ことであり、そのためのゴールは無数にあって、それを教室の中で学習者と教師が一緒になって考えるためのヒントがこの本の中にあるということです。

　いつか、皆さんが実際に日本人とコミュニケーションする場面で、この本で学んだことを思い出し、うまく対応することができれば、著者としてこんなに嬉しいことはありません。

著者　稲川右樹

머리말

넥서스 '타노시이 일본어 회화'를 선택해 주신 여러분, 안녕하세요!
이 책은 일본어 학습자가 실전에서 스스로의 능력으로 일본어로 대처해야 할 다양한 장면에 대응하는 힘을 키워갈 수 있게 만들었습니다.

한 가지 질문을 하자면, 여러분은 다음과 같은 경험은 없으신지요?
- 풍부한 문법과 단어를 알고 있는데, 실제로 일본인과 만나면 긴장해서 말이 자연스럽게 나오지 않는다.
- 일본에 갔을 때, 상대가 하는 말에 순간적으로 대답하지 못하고, 커뮤니케이션에 좌절하고 말았다.

이것은 모두 저 자신도 한국어를 배울 때 경험했던 것입니다. 지금까지 여러분이 배운 교재는 대개 문법과 단어 습득에 중점을 두었을 것입니다. 그렇기 때문에 여러분도 '가능형', '사역형', '수동 표현' 등에 대한 문법적인 지식은 있지 않을까 생각합니다. 그렇지만, 실제로 이러한 것을 어떤 장면에서 어떻게 쓰면 효과적인지 알고 계십니까? 아무리 훌륭한 도구를 가지고 있어도 그것을 적절히 사용할 수 없다면, 그것이야말로 '보석을 장롱에 보관해 두는 것'이겠죠. 이 교재는 학습자 여러분이 일본어로 커뮤니케이션을 할 때에 일상에서 자주 만나는 장면과 상황을 기본으로 하였고, 각 장면에서 어떠한 말을 쓰면 더욱 효과적인 대처를 할 수 있을까를 생각하고, 연습할 수 있도록 구성하였습니다.

그렇기 때문에 일본어 문법을 익히는 것을 목적으로 한 (여러분이 지금까지 공부해 왔던) 교재와는 달리, 이 교재에는 각 과마다 규정된 문형과 단어 등을 특별히 설정하지 않았습니다. 물론, 힌트로서 표현과 단어를 제시하고 있지만, 그것은 어디까지나 대략의 목표이고, 반드시 그 표현을 넣어서 연습해야 하는 것은 아닙니다. 즉 소위 '모범 해답'이라는 것은 존재하지 않는다는 것입니다. 문법 중심으로 학습을 해 온 학습자라면 처음에 조금 당황할지도 모르겠습니다.

중요한 것은 일본어를 이용해서 '○○을 할 수 있게 된다'는 것이고, 그러기 위한 골은 무수히 많아서, 그것을 교실 안에서 학습자와 강사가 하나가 되어 생각하기 위한 힌트가 이 책 속에 있다는 것입니다.

언젠가 여러분이 실제로 일본인과 커뮤니케이션하는 장면에서, 이 책에서 학습한 내용을 떠올려 잘 대처할 수 있다면 저자로서 더 이상 기쁜 일은 없을 것입니다.

저자 야나가와 유우키

책의 구성

この本は「場面・状況中心」に構成されています。それぞれの場面や状況は学習者が実際に日本語でコミュニケーションをとる機会が多いと思われるものから選ばれました。
本の具体的な構想は次の通りです。

이 책은 '장면・상황 중심'으로 구성하였습니다. 각각의 장면과 상황은 학습자가 실제로 일본어로 커뮤니케이션을 할 기회가 많다고 예상되는 것으로 택했습니다.
책의 구체적인 구상은 다음과 같습니다.

1. テーマ＆パターン

各課で扱うテーマが提示されます。

そのテーマの具体的な場面・状況が「パターン」として各課に２つずつ提示されます。

ここで提示したことが「できるようになる」ことが学習目標となります。

테마와 패턴

각 과에서 다루는 테마가 제시되어 있습니다.

그 테마의 구체적인 장면, 상황이 '패턴'으로 각 과에 2개씩 제시되어 있습니다.

여기에서 제시한 것을 '할 수 있게 되는' 것이 학습 목표입니다.

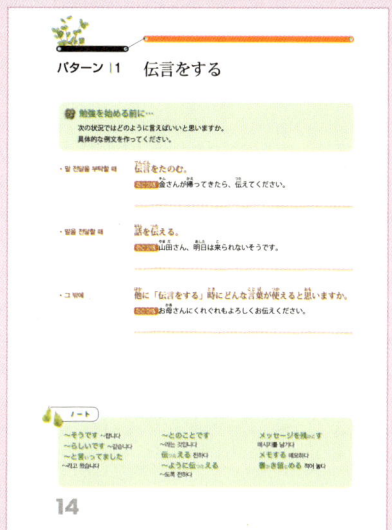

2. 勉強を始める前に

ここでは、本格的な学習の前に、パターンについて考えることで、学習者の持っている言語的な予備知識(スキーマ)を活性化し、スムーズに学習に入れるようにします。また、ヒントとして語彙の提示もしますが、それらの語彙はあくまでも目安であり、必ず使用しなくてはいけないものではありません。

학습을 시작하기 전에
여기에서는 본격적인 학습을 시작하기 전에 패턴에 대해 생각함으로써, 학습자가 가지고 있는 언어적 예비 지식을 활성화하고, 원활하게 학습에 참여할 수 있도록 합니다. 또 힌트에서 어휘도 제시하는데, 이 어휘는 어디까지나 참고용으로 꼭 사용하지 않아도 됩니다.

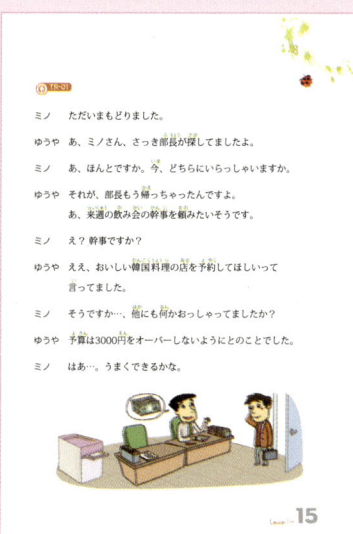

3. 本文

パターンで提示した場面に即した会話文が提示されます。学習者は2で予想した表現が実際使われているか、他にもどのような表現を使うことができるか、本文の中に自分にも有用な表現があるかなどを考えます。会話文は実際の自然な会話にできるだけ近づけて作ってあります。

본문
패턴에서 제시한 장면에 맞춘 회화문이 제시됩니다. 학습자는 2에서 예상한 표현을 실제로 쓸 수 있는지, 그 밖에도 어떤 표현을 쓸 수 있는지, 본문 중에서 자신에게 유용한 표현이 있는지 등을 생각합니다. 회화문은 최대한 자연스러운 회화에 가깝게 만들었습니다.

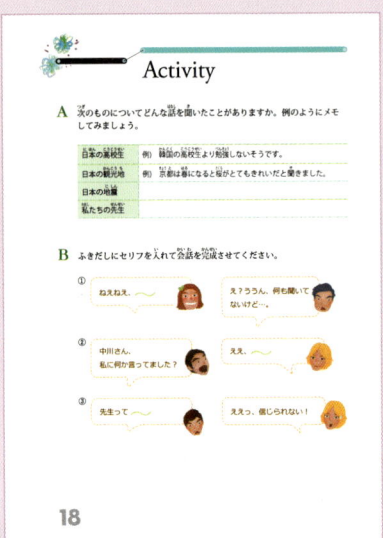

4. アクティビティ

2〜3で学んだことを、簡単な設定の中で試しに使ってみる段階です。答えは必ずしも1つではありません。よりよい対応をめぐって教師と学習者が意見を交換してもいいでしょう。

액티비티
2〜3에서 배운 것을 간단한 설정에 따라 연습해 보는 단계입니다. 정답은 반드시 하나가 아닙니다. 보다 좋은 응답을 찾기 위해서 교사와 학습자가 의견을 교환해도 좋을 것입니다.

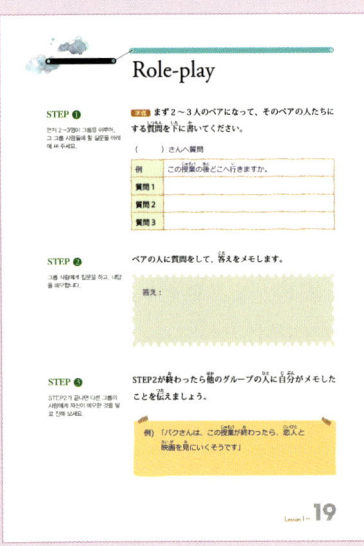

5. ロールプレイ

その課の学習成果を生かして、実際の場面を想定した活動をします。教師や他の学習者は評価者として、学習者が課題を適切にクリアできているかをチェックします。

롤플레이
각 과의 학습 성과를 높이는 코너로, 실제 장면을 설정하여 활동을 합니다. 교사와 나머지 학습자는 평가자의 입장이 되어 학습자가 과제를 적절하게 잘하는지를 체크합니다.

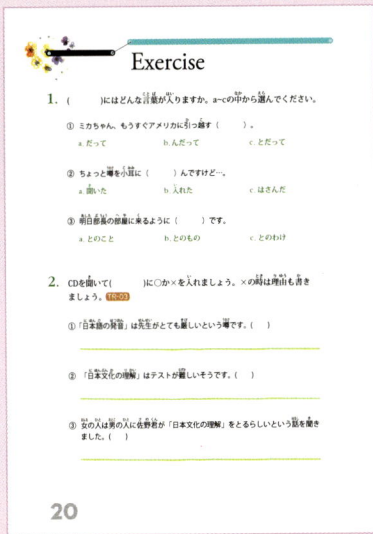

6. エクササイズ

その課で学習したことを、簡単な問題を解きながら、もう一度頭の中で整理し定着させます。問題は文法問題と聴解問題があります。

엑서사이즈
각 과에서 학습한 것을 간단한 문제를 풀면서 다시 한번 머릿속으로 정리하고 정착시킵니다. 문법 문제와 청해 문제가 있습니다.

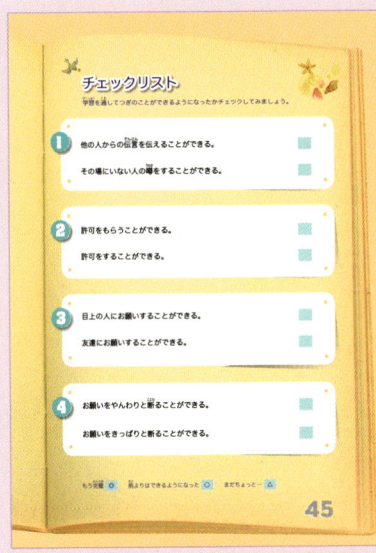

7. チェックリスト

4課ごとに、それまでの学習目標がどれぐらい達成できたか(日本語で○○することができるようになったか)を自己評価するチェックリストがあります。

체크 리스트
4과가 끝날 때마다 그때까지 학습 목표를 어느 정도 달성했는지 (일본어로 ○○할 수 있게 되었는가?)를 자기 평가하는 체크 리스트가 있습니다.

冒頭でも書きましたが、この教科書のコンセプトは特定の文法や表現の習得ではなく、「各場面で日本語で対応する力を養うこと」です。ですから、教科書に書いてあることが必ず正しいということはなく、教師と学習者が「こうしたほうが効果的だと思う」、「私ならこうする」ということを話し合い、よりよい答えを模索することに意義があります。皆さんのアレンジでこの教科書を120%活用してください！

첫머리에도 썼지만, 이 교재의 콘셉트는 특정 문법과 표현의 습득이 아니라 '각 장면에서 일본어로 대응하는 힘을 키우는 것'입니다. 그렇기 때문에 교재에 쓰인 것이 반드시 정답이라는 것이 아닌, 교사와 학습자가 '이렇게 하는 편이 효과적인 것 같다', '나라면 이렇게 한다' 등으로 서로 연습을 하고, 보다 좋은 답변을 찾는 데 의의가 있습니다. 여러분의 용도에 맞춰 이 교재를 120% 활용해 주시기 바랍니다.

목차

LESSON 1 最近スポーツジムに通ってるんだって。 　　　13
テーマ：話を伝える
パターン1 伝言をする　　パターン2 噂をする

LESSON 2 明日休ませていただいてもよろしいでしょうか。 　　　21
テーマ：許可
パターン1 許可をもらう　　パターン2 許可する

LESSON 3 僕に韓国語を教えてほしいんだ。 　　　29
テーマ：お願い
パターン1 目上の人にお願いする　　パターン2 友達にお願いする

LESSON 4 やっぱり遠慮しときます。 　　　37
テーマ：断る
パターン1 やんわりと断る　　パターン2 はっきり断る

チェックリスト 　　　45

LESSON 5 机の上が散らかっています。 　　　47
テーマ：説明する
パターン1 事情を説明する　　パターン2 描写する

LESSON 6 率直な意見を聞かせてください。 　　　55
テーマ：意見を言う1
パターン1 意見を求める　　パターン2 主張する

LESSON 7 私もミノさんと同じ意見です。 　　　63
テーマ：意見を言う2
パターン1 賛成する　　パターン2 反論する

LESSON 8 ああ、イライラする。 　　　71
テーマ：不満を言う
パターン1 愚痴を言う　　パターン2 文句を言う

チェックリスト 　　　79

LESSON 9	大変申し訳ありませんでした。 テーマ：仲直りする `パターン1` 謝る　`パターン2` 許す	81
LESSON 10	ミナちゃんってホントすごいよね。 テーマ：ほめる `パターン1` 相手をほめる　`パターン2` 謙遜する	89
LESSON 11	元気がないですね。何かあったんですか。 テーマ：相談する `パターン1` 打ち明ける　`パターン2` アドバイスする	97
LESSON 12	元気出そう？私応援するから。 テーマ：相手を理解する `パターン1` 共感・同情する　`パターン2` なぐさめる・励ます	105
チェックリスト		113
LESSON 13	つまり一緒に考えてくれってことでしょ？ テーマ：説得・交渉する1 `パターン1` 話を切り出す　`パターン2` 話をまとめる	115
LESSON 14	やまと電気の製品には2つの問題点があります。 テーマ：説得・交渉する2 `パターン1` 論理的に話す　`パターン2` 意見を切り返す	123
LESSON 15	そこをなんとか！ テーマ：説得・交渉する3 `パターン1` 食い下がる　`パターン2` 妥協する	131
LESSON 16	自分の気持ちを隠すのはやめることにしたんだ。 テーマ：将来の話をする `パターン1` 仮の話をする　`パターン2` 決心する	139
チェックリスト		147
부록	EXERCISE 정답 및 스크립트	149

最近スポーツジムに通ってるんだって。

LESSON 1

テーマ 話を伝える

パターン1 伝言をする
パターン2 噂をする

パターン 1　伝言をする

🌼 勉強を始める前に…
次の状況ではどのように言えばいいと思いますか。
具体的な例文を作ってください。

- 말 전달을 부탁할 때　　伝言をたのむ。
  - たとえば　金さんが帰ってきたら、伝えてください。

- 말을 전달할 때　　話を伝える。
  - たとえば　山田さん、明日は来られないそうです。

- 그 밖에　　他に「伝言をする」時にどんな言葉が使えると思いますか。
  - たとえば　お母さんにくれぐれもよろしくお伝えください。

ノート

～そうです　～랍니다
～らしいです　～같습니다
～と言ってました
　～라고 했습니다

～とのことです
～という ことです
伝える　전하다
～ように伝える
　～도록 전하다

メッセージを残す
　메시지를 남기다
メモする　메모하다
書き留める　적어 놓다

ミノ　　ただいまもどりました。

ゆうや　あ、ミノさん、さっき部長が探してましたよ。

ミノ　　あ、ほんとですか。今、どちらにいらっしゃいますか。

ゆうや　それが、部長もう帰っちゃったんですよ。
　　　　あ、来週の飲み会の幹事を頼みたいそうです。

ミノ　　え？幹事ですか？

ゆうや　ええ、おいしい韓国料理の店を予約してほしいって
　　　　言ってました。

ミノ　　そうですか…、他にも何かおっしゃってましたか？

ゆうや　予算は3000円をオーバーしないようにとのことでした。

ミノ　　はあ…。うまくできるかな。

パターン 2　噂をする

> 🌼 **勉強を始める前に…**
> 次の状況ではどのように言えばいいと思いますか。
> 具体的な例文を作ってください。

・소문을 들었다고 말할 때　噂を聞いたことを伝える。
　　　　　　　　　　　　　たとえば　昨日、すごい話聞いちゃったんだけど。

・들은 소문을 전할 때　聞いた噂を伝える。
　　　　　　　　　　　たとえば　先生、実はカツラなんだって！

・그 밖에　他に「噂をする」時にどんな言葉が使えると思いますか。
　　　　　たとえば　ぜんぜんそんな風に見えないのにね。

ノート

〜だって 〜래	小耳こみみにはさむ 얼핏 듣다	びっくり 깜짝 놀람
〜みたい 〜인 것 같다	噂うわさが立たつ 소문이 나다	スクープ 스쿠프, 특종 기사
秘密ひみつ 비밀	評判ひょうばん 평판	人ひとの噂うわさも七十五日しちじゅうごにち 소문은 빨리 퍼지지만 오래 가지 않는다
ここだけの話はなし 우리끼리 하는 이야기	意外いがい 의외	

さなえ　ねえねえミナちゃん、あの話聞いた？

ミナ　　え、なに？

さなえ　たけし君、最近スポーツジムに通ってるんだって。

ミナ　　へえ、何で急に運動なんか始めたんだろ。

さなえ　もしかしたらさ、ミナちゃんが原因かもよ。

ミナ　　え、どういうこと？

さなえ　こないだたけしくんに、ミナちゃんってどんな人がタイプなのか聞かれて、スポーツマンが好きみたいよって適当に答えておいたんだけど。

ミナ　　私のタイプと何か関係があるの？

さなえ　もう、ほんとに鈍いんだから。

Activity

A 次のものについてどんな話を聞いたことがありますか。例のようにメモしてみましょう。

日本の高校生	例）韓国の高校生より勉強しないそうです。
日本の観光地	例）京都は春になると桜がとてもきれいだと聞きました。
日本の地震	
私たちの先生	

B ふきだしにセリフを入れて会話を完成させてください。

① ねえねえ、〜 / え？ううん、何も聞いてないけど…。

② 中川さん、私に何か言ってました？ / ええ、〜

③ 先生って〜 / ええっ、信じられない！

Role-play

STEP ❶

먼저 2~3명이 그룹을 이루어, 그 그룹 사람들에 할 질문을 아래에 써 주세요.

準備 まず２～３人のペアになって、そのペアの人たちにする質問を下に書いてください。

（　　　）さんへ質問

例	この授業の後どこへ行きますか。
質問1	
質問2	
質問3	

STEP ❷

그룹 사람에게 질문을 하고, 대답을 메모합니다.

ペアの人に質問をして、答えをメモします。

答え：

STEP ❸

STEP2가 끝나면 다른 그룹의 사람에게 자신이 메모한 것을 말로 전해 보세요.

STEP2が終わったら他のグループの人に自分がメモしたことを伝えましょう。

例）「パクさんは、この授業が終わったら、恋人と映画を見にいくそうです」

Exercise

1. (　　)にはどんな言葉が入りますか。a~cの中から選んでください。

① ミカちゃん、もうすぐアメリカに引っ越す（　　）。

   a. だって   b. んだって   c. とだって

② ちょっと噂を小耳に（　　）んですけど…。

   a. 聞いた   b. 入れた   c. はさんだ

③ 明日部長の部屋に来るように（　　）です。

   a. とのこと   b. とのもの   c. とのわけ

2. CDを聞いて(　　)に○か×を入れましょう。×の時は理由も書きましょう。 `TR-03`

① 「日本語の発音」は先生がとても厳しいという噂です。(　　)

② 「日本文化の理解」はテストが難しいそうです。(　　)

③ 女の人は男の人に佐野君が「日本文化の理解」をとるらしいという話を聞きました。(　　)

LESSON 2

明日(あした)休(やす)ませていただいても
よろしいでしょうか。

テーマ 許可(きょか)

パターン1 許可をもらう
パターン2 許可する

パターン 1　許可をもらう

> 🌸 **勉強を始める前に…**
> 次の状況ではどのように言えばいいと思いますか。
> 具体的な例文を作ってください。

- 윗사람에게 허락 받을 때　目上の人に許可をもらう。

  たとえば　今日、早めに帰らせていただけますか。

- 친구에게 허락 받을 때　友達に許可をもらう。

  たとえば　今日、うちに遊びに行ってもいい？

- 그 밖에　他に「許可をもらう」時にどんな言葉が使えると思いますか。

  たとえば　なんとかOKしてもらえませんか。

～させる　～하게 하다
～させてもらう/
～させていただく
　(내가) ～하도록 허락을 받다

～したい　～하고 싶다
～てもいい　～해도 된다
構わない　상관없다
許す　용서하다, 허락하다

許可する　허락하다
なんとか　어떻게든
迷惑をかける　폐를 끼치다

TR-04

ミノ 部長、今ちょっとよろしいでしょうか。

部長 どうしたの、ミノ君。

ミノ あの、申し訳ありませんが、明日休ませていただいてもよろしいでしょうか。

部長 明日？ずいぶん急だなあ、どうしたの。

ミノ 実は急に韓国から恩師が来ることになりまして…。

部長 そう言われても、明日は大事な取引もあるし、困るなあ。

ミノ なんとか許可していただけませんか。

パターン 2　許可する

> 🌼 **勉強を始める前に…**
> 次の状況ではどのように言えばいいと思いますか。
> 具体的な例文を作ってください。

- 흔쾌히 허락할 때

    快く許可する。

    たとえば　もちろん、まこと君ならいつでもいいですよ。

- 마지못해 허락할 때

    しぶしぶ許可する。

    たとえば　しょうがないなあ、今回だけだよ。

- 그 밖에

    他に「許可する」時にどんな言葉が使えると思いますか。

    たとえば　だめってことはないけど…。

大丈夫だ　괜찮다	困る　곤란하다	一回だけ　딱 한 번만
もちろん　물론	しょうがない　할 수 없다	自由に～てください
平気だ　태연함, 아무렇지 않음	しぶしぶ　마지못해	마음대로 ～하세요
たいしたことない　별일 아니다	これっきり　이것이 마지막	

24

さなえ　ミナちゃん、終電大丈夫？

ミナ　　え？もうこんな時間！？おしゃべりに夢中で
　　　　全然気づかなかった…。どうしよう…。

さなえ　もしよかったら、今晩うちに泊まっていってもいいよ。

ミナ　　え、そんな悪いよ…。

さなえ　平気平気、ちょっと散らかってるけどね。

たかし　あの…、俺も終電逃しちゃったんだけど…。
　　　　お世話になっていいかな…。

さなえ　ええっ？あんたも？もう、しょうがないなあ…、
　　　　じゃあ今からうちでまた飲みなおそう！

Activity

A 次の言葉を丁寧さによって下の表に分類しましょう。

① ここ座るよ？

② ここ座ってもいい？

③ ここ座ってもいいですか。

④ ここに座ってもよろしいでしょうか。

⑤ ここ座ってもいいよね？

⑥ ここに座りたいんですが…。

⑦ ここに座らせていただきたいのですが…。

あまり丁寧じゃない	丁寧	とても丁寧

B ふきだしにセリフを入れて会話を成功させてください。

①

②

③

Role-play

クラスメートのうちに遊びにいくと想定してロールプレイをしましょう。

반 친구의 집에 놀러 가는 설정을 하여 롤플레이를 해 보세요.

STEP ❶
반 친구의 집에 놀러 갔을 때 허락을 받아야만 하는 것을 아래에 써 보세요.

準備 クラスメートの家に遊びに行ったとき、許可をもらうべきことを下に書き込みましょう。

> 例) トイレを使う ／ 部屋に入る

STEP ❷
3~4명의 팀을 만들어, 팀 중에서 누구의 집에 놀러 갈지 결정합니다.

準備 3～4人のチームを作り、チームの中でだれの家に遊びに行くか決めます。

STEP ❸
남은 사람(손님)은 주인(맞아주는 사람)과 가위바위보를 하여 주인과의 관계를 결정합니다.

準備 残りの人(お客さん)はホスト(迎える人)とじゃんけんをして、ホストとの関係を決めます。

> お客さんが勝った　⇨　お客さんとホストは友達
> ホストが勝った　⇨　ホストが目上の人

STEP ❹
손님들은 주인의 집에 놀러 가 STEP1에 적은 것에 대해 허락을 받습니다. 주인은 기분에 따라 흔쾌히 허락하거나 또는 허락을 하지 않거나 해 주세요.

お客さんたちはホストの家に遊びに行き、STEP1で書いたことについて許可をもらいます。ホストは気分によって、快く許可したり、または許可しなかったりしてください。

> テレビを見せていただけませんか。

> え？まあ、いいですけど…。

Exercise

1. (　　　)にはどんな言葉が入りますか。a~cの中から選んでください。

   ① ここで写真を（　　）いいですか。
   a. とっても　　　　b. とったら　　　　c. とるなら

   ② （　　）なあ、でも今回だけですよ。
   a. 方法がない　　　b. しょうがない　　c. やり方がない

   ③ すみません、足が痛くて…ちょっと（　　）いいですか。
   a. 座られてあげて　b. 座らせてもらって　c. 座らされてくれて

2. CDを聞いて(　　　)に○か×を入れましょう。×の時は理由も書きましょう。 TR-06

   ① この部屋では小鳥を飼ってはいけません。（　）

   ② 夜遅く洗濯をしてはいけません。（　）

   ③ 冷蔵庫を許可なく使ってはいけません。（　）

LESSON 3

僕に韓国語を教えてほしいんだ。

テーマ お願い

- **パターン1** 目上の人にお願いする
- **パターン2** 友達にお願いする

パターン 1　目上の人にお願いする

 勉強を始める前に…
次の状況ではどのように言えばいいと思いますか。
具体的な例文を作ってください。

- 부탁할 때

  お願いする。
  たとえば　私の担当を変えていただけないでしょうか。

- 부담을 덜어 줄 때

  相手の負担を軽くする。
  たとえば　都合のいい時でかまいませんので。

- 그 밖에

  他に「目上の人にお願いする」時にどんな言葉が使えると思いますか。
  たとえば　他にお願いできる人がいなくて…。

 ノート

実は~んですが
실은 ~인데요
できれば　할 수 있으면
~てもらえませんか／
~ていただけませんか
~해 주실 수 있나요?

~てほしいと思いまして
~해 주셨으면 해서요
ご迷惑じゃなれば
폐가 되지 않는다면
助かる　도움이 되다

無理にとは言いません
억지로 해 달라는 건 아닙니다
無理を承知で
무리인 걸 알면서도
適任者　적임자

ミノ　課長、明日の夜、お暇でしょうか。

課長　特に予定はないけど？

ミノ　実は、うちの男性社員となにわ産業の女子社員とで合コンをするんですが、田中君が急に出席できなくなったんです。それで課長に来ていただければ…と思いまして…。

課長　ええっ、人数あわせのために俺に出ろっていうの？

ミノ　あ、もちろん、無理にとは言いません。でも、課長は話も面白いし、センスもいいし…。できればで結構ですので。

課長　何言ってるんだ。もちろん参加するよ！で、会場はどこ？

パターン 2　友達にお願いする

🌼 勉強を始める前に…
次の状況ではどのように言えばいいと思いますか。
具体的な例文を作ってください。

- 부탁할 때　　　　　　お願いする。
　　　　　　　　　　　[たとえば] 悪いんだけど、ノート見せてよ。

- 보상할 것을 제안할 때　見返りを提示する。
　　　　　　　　　　　[たとえば] こんどおいしいものおごるから。

- 그 밖에　　　　　　　他に「友達にお願いする」時にどんな言葉が使えると
　　　　　　　　　　　思いますか。
　　　　　　　　　　　[たとえば] 山田君しか、頼める人がいないんだよ。

ノート

悪いんだけど　미안하지만
一生のお願い　평생의 소원
～てほしい　～해 주었으면 한다

～てもらえない/てくれない？　～해 주지 않을래？
お礼　감사 선물
頼りになる　의지가 되다

代わりと言ってはなんだけど　대신이라고 하기엔 그렇지만
見込む　전망하다, 예상하다

🎧 TR-08

たけし　ミナちゃん、ちょっといいかな？

ミナ　　どうしたの。

たけし　僕に韓国語を教えてほしいんだ。

ミナ　　え、韓国語を？ どうしたの急に？

たけし　えっと…、
　　　　最近韓国のドラマを見てたら勉強したくなっちゃってさ…。

ミナ　　でも、私韓国語話せるだけで教えたことないし…。

たけし　大丈夫、ミナちゃんとなら一生懸命勉強できると思うし。
　　　　ね、お願い、教えてよ。そのかわり、難しい日本語があったら
　　　　僕が教えるからさ。

ミナ　　えー、たけし君、現代国語の点数、私より悪くなかったっけ？
　　　　ふふふ。でもいいよ。わかった。がんばろうね。

Activity

A 次の人たちにお願いする時、それぞれどんな言葉を使えばいいでしょうか。

「レポートをチェックしてほしい」

会社の同僚（かいしゃのどうりょう）	
学校の先生（がっこうのせんせい）	
親しい友達（したしいともだち）	
あまり親しくない友達	
恋人（こいびと）	

B ふきだしにセリフを入れて会話を完成（かんせい）させてください。

① あの… 〜
（キーワード：時間）
はい、何でしょうか。

② 何ですか、話って。
先生、すみませんが 〜

③ 何、話って。
悪いんだけど、〜

Role-play

先生にお願いをするという設定でロールプレイをしましょう。
선생님에게 부탁을 하는 설정으로 롤플레이를 해 보세요.

STEP ❶

 準備 ルーレットを使って、どのお願いをするか決めてください。

룰렛(→160p)을 이용하여 어떤 부탁을 할지 결정해 주세요.

STEP ❷

STEP1で決めたお願いを先生にしてください。
お願いをする時に守るべきポイントは次の通りです。

STEP1에서 결정한 부탁을 선생님에게 해 주세요. 부탁을 할 때 지켜야 할 포인트는 다음과 같습니다.

① 丁寧にお願いする。
② お願いする理由を説明する。
③ 相手が負担を感じないようにする。

STEP ❸

他の人たちは、その人がお願いするのを見て、下の表で評価しましょう。

다른 사람들은 그 사람이 부탁을 하는 것을 보고 아래 표에 평가해 보세요.

	さん	さん	さん	さん
お願いの内容				
丁寧にお願いする				
お願いする理由を説明する				
相手が負担を感じないようにする				
合計				

◎（2点）よくできている　○（1点）なんとかできている　△（0点）がんばりましょう

Exercise

1. ( )にはどんな言葉が入りますか。a～cの中から選んでください。

① すみませんが、今（　　）よろしいですか。
   a. お時間　　　　　　b. お約束　　　　　　c. お暇

② 悪いんだけど、ここではたばこを（　　）くれない？
   a. 吸わないで　　　　b. 吸わなくて　　　　c. 吸わずに

③ もちろん、（　　）とは言いませんので。
   a. 無理で　　　　　　b. 無理に　　　　　　c. 無理を

2. CDを聞いて（　　）に○か×を入れましょう。×の時は理由も書きましょう。 TR-09

① 男の人が女の人にお願いをしています。（　　）
_____

② 女の人は、席を移動したいと言っています。（　　）
_____

③ 今はまだ午前中です。（　　）
_____

LESSON 4

やっぱり遠慮(えんりょ)しときます。

テーマ 断(ことわ)る

パターン1 やんわりと断る
パターン2 はっきり断る

パターン 1　やんわりと断る

> 🌼 **勉強を始める前に…**
> 次の状況ではどのように言えばいいと思いますか。
> 具体的な例文を作ってください。

- 상황이 좋지 않음을 전할 때　都合が悪いことを伝える。
  　たとえば すみません、明日はちょっと…。

- 거절하는 이유를 전할 때　断る理由を伝える。
  　たとえば 明日は親が田舎から出てくるので…。

- 그 밖에　他に「やんわりと断る」時にどんな言葉が使えると思いますか。
  　たとえば せっかく誘っていただいたのにすみません。

 **ノート**

せっかくですが 모처럼인데	またの機会 다음 기회	～さえ～れば ～조차 ～한다면
都合が悪い 상황이 좋지 않다	今度 이번/이 다음	先約 선약
お誘い 초대	～は苦手だ ～는 잘 못한다	～わけにはいかない (도리로) ～할 수는 없다

38

まみ　　ミノさん、今週の金曜日の夜、予定入ってます？

ミノ　　え、いや…特には…。

まみ　　友達と六本木のクラブに踊りに行くんですけど、
　　　　一緒にどうですか。

ミノ　　え？ク、クラブですか…。
　　　　いやあ、僕ダンスできないんですよ…。

まみ　　大丈夫ですよ。きっと楽しいですよ。

ミノ　　うーん…せっかくのお誘いですけど、やっぱり、僕は
　　　　遠慮しときます。すみません。

まみ　　そうですか…。残念。

パターン 2　はっきり断る

> 🌼 **勉強を始める前に…**
> 次の状況ではどのように言えばいいと思いますか。
> 具体的な例文を作ってください。

- 상대의 제안을 거절할 때　**相手の誘いを断る。**
  　たとえば　すみませんが、私にはできません。

- 끈질긴 제안을 차단할 때　**しつこい誘いをシャットアウトする。**
  　たとえば　これ以上、連絡しないでください。

- 그 밖에　**他に「はっきり断る」時にどんな言葉が使えると思いますか。**
  　たとえば　行けないものは行けないんです。

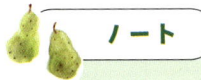

きっぱり 확실히	二度と 두 번 다시	～ものは～ ～한 것은 ～
丁重にお断りする 정중하게 거절하다	～する気はない ～할 마음이 없다	無理なものは無理 무리인 건 무리야
悪いけど 미안하지만	言ったはず 분명 말했을 것이다	
時間の無駄 시간 낭비	いくら～ても 아무리 ～해도	

40

村田　　もしもし、イムさん？ こないだの話…考えてくれた？

ミナ　　ああ…先輩、すみませんが、お断りします。

村田　　悪い話じゃないと思うんだよ。俺、結構人気あるし、
　　　　付き合いたがってる女の子も多いんだぜ。

ミナ　　申し訳ありませんが、何と言われても無理なものは無理なんです。それに、あの時言ったはずです。私、今気になってる人がいるんです。

村田　　たけしのこと？ あんなやつのどこがいいんだよ。
　　　　それより俺と…。

ミナ　　すみません、もうこれ以上電話してこないでください。

Activity

A （　　）に入る言葉を自由に考えましょう。

① （　　）が、その日は（　理由　）て…。

② 何度言われても、（　　）ものは（　　）です。

③ （　　）さえ（　　）ば、絶対行くんですけど。

④ すみません、せっかく（　　）のに…。

B ふきだしにセリフを入れて会話を完成させてください。

① 飲みに行きませんか？ / （やんわりと断る）

② ねえねえ、映画見にいこうよ。 / （はっきり断る）

③ 実は〜 / それならしかたないですね。また今度にしましょう。

Role-play

STEP ❶

어려운 부탁을 생각해 아래에 써 보세요.

準備 無理なお願いを考えて下に書きましょう。

例）キャッシュカードのパスワードを教えてください。

STEP ❷

STEP1의 부탁을 클래스 사람과 이야기를 나눠 보세요. 부탁을 받은 사람은 가능한 한 정중하게 거절해 주세요.

STEP1のお願いをクラスの人と話し合いましょう。
お願いをされた人は、できるだけ丁寧に断ってください。

> キャッシュカードのパスワードを教えてください。

> ええっ、それはちょっと…すみません。

STEP ❸

선생님도 클래스 사람에게 부탁을 합니다. 선생님에게 부탁을 받았을 때는 단호하게 거절해 주세요. (선생님은 거절당하더라도 몇 번이고 부탁해 주세요.)

先生もクラスの人にお願いをします。
先生にお願いされた時は、はっきり断ってください。
(先生は断られても何度かねばってください。)

> キャッシュカードのパスワードを教えてください。

> お断りします。

STEP ❹

STEP1~STEP3이 끝나면 누가 능숙하게 거절을 했는지 이야기를 나눠 보세요.

STEP1~STEP3が終わったら、だれが上手く断っていたか、話し合ってみましょう。

Exercise

1. (　　　)にはどんな言葉が入りますか。a~cの中から選んでください。

① カラオケですか…いやあ、ぼく歌が（　　　）。

　　a. にがてで　　　　b. きらいで　　　　c. とくいで

② すみませんが、（　　　）お断りします。

　　a. 丁寧に　　　　b. 丁重に　　　　c. 慎重に

③ （　　　）のお話ですが…すみません。

　　a. せっかく　　　　b. さっそく　　　　c. そろそろ

2. CDを聞いて(　　　)に○か×を入れましょう。×の時は理由も書きましょう。 TR-12

① 男の人は女の人にお願いをしていました。（　　）

② 女の人はインドに行きたくないので、うそをついています。（　　）

③ 女の人は最後まで丁寧に断ることができました。（　　）

チェックリスト

学習を通してつぎのことができるようになったかチェックしてみましょう。

1
- 他の人からの伝言を伝えることができる。 ☐
- その場にいない人の噂をすることができる。 ☐

2
- 許可をもらうことができる。 ☐
- 許可をすることができる。 ☐

3
- 目上の人にお願いすることができる。 ☐
- 友達にお願いすることができる。 ☐

4
- お願いをやんわりと断ることができる。 ☐
- お願いをきっぱりと断ることができる。 ☐

もう完璧 ◎　　前よりはできるようになった ○　　まだちょっと… △

LESSON 5

机の上が散らかっています。
（つくえ　うえ　ち）

テーマ 説明（せつめい）する

パターン1 状況（じょうきょう）を説明する
パターン2 描写（びょうしゃ）する

パターン 1　状況を説明する

> 🌱 **勉強を始める前に…**
> 次の状況ではどのように言えばいいと思いますか。
> 具体的な例文を作ってください。

- 현재 상황을 이야기할 때　今の状況を話す。
  - たとえば　道路が渋滞してて、今まだバスの中です。

- 주변 상황을 판단할 때　周りの状況から判断する。
  - たとえば　濡れた傘を持っている人が乗ってきたので、外は雨のようです。

- 그 밖에　他に「状況を説明する」時にどんな言葉が使えると思いますか。
  - たとえば　今ちょっと大変なことになっています。

状況（じょうきょう）상황	どうやら 아마도	～ている／～てある ～하고 있다
現在（げんざい）현재	きっと 틀림없이	～ということは ～라는 것은
今（いま）のところ 지금	～そう ～할 것 같다	～っぱなし ～한 채
見（み）た限（かぎ）り 본 이상	～ようだ ～인 것 같다	

48

🎧 TR-13

ゆうや　もしもし、ミノさん？ 近くにまみさんいます？

ミノ　　いえ、席をはずしてるみたいですけど…。

ゆうや　ちょっと、急ぎでまみさんに確認することがあって…、
電話にも出ないし、こまったなあ。

ミノ　　僕がかわりにできることならしますけど。

ゆうや　いやあ、これは本人じゃないと…あ、そうだ。
すみませんが、まみさんの机の上、今どうなってます？

ミノ　　どうなってますって…あいかわらず散らかってますよ。
携帯も置きっぱなしだし…、あと飲みかけのコーヒーも…。

ゆうや　コーヒーが置いてあるってことは、すぐ帰ってくるのかな？

ミノ　　あ、今ちょうどもどってきました。

ゆうや　よかったあ！

パターン 2　描写する

> 🌸 **勉強を始める前に…**
> 次の状況ではどのように言えばいいと思いますか。
> 具体的な例文を作ってください。

- 복장을 묘사할 때　**服装について描写する。**
  　たとえば　青い帽子をかぶっています。

- 겉모습을 묘사할 때　**外見について描写する。**
  　たとえば　髪が長くて、丸い顔の人です。

- 그 밖에　**他に「描写する」時にどんな言葉が使えると思いますか。**
  　たとえば　あそこでワインを飲んでいる人です。

ノート

かぶる (모자 등을) 쓰다	はく 신다	〜の人 〜한 사람
着る 입다	かける (안경 등을) 끼다	赤いシャツの人
		빨간 셔츠를 입은 사람

さなえ　ねえ、昨日のパーティに来てた山下君って覚えてる？

ミナ　　うん。背がけっこう高くて、チェックのシャツを着て、ジーンズを履いてた人だよね。

さなえ　うーん、何人か思い浮かぶんだけど、どの人だろう。

ミナ　　あ、あと髪の毛は茶髪で、パーマかけてたよ。

さなえ　ああ、わかった！あの人かあ。

ミナ　　山下君がどうかしたの？

さなえ　「昨日は楽しかったね、また今度二人で食事でも」ってメールが来たのよ。

ミナ　　え…そのメール私にも来たけど…。

Activity

A 下の人たちの服装や外見を説明してください。

① ② ③

B ふきだしにセリフを入れて会話を完成させてください。

① 今日の先生の服装を説明してください。

② 今の教室の様子を説明してください。

Role-play

STEP ❶

클래스를 A와 B, 2개의 그룹으로 나눕니다. A그룹의 사람은 A그림만, B그룹의 사람은 B그림만을 보도록 합니다.

クラスをAとB、２つのグループに分けます。
Aグループの人はAの絵だけ、Bグループの人はBの絵だけを見るようにします。

STEP ❷

상대 팀에 질문을 하면서 A와 B의 그림 중에 다른 부분을 찾습니다.

相手のチームに質問をしながら、AとBの絵の中で違う部分を探します。

例) Q：窓はどうなっていますか。
　　A：閉まっています。
　　　　私たちの絵では窓は開いています。

Exercise

1\. (　　　)にはどんな言葉が入りますか。a~cの中から選んでください。

① 窓がしまって（　　　）。

a. います　　　　　b. あります　　　　　c. おきます

② 田中さんはめがねを（　　　）います。

a. かぶって　　　　b. かけて　　　　　c. きて

③ リサさんは今日はスカートを（　　　）います。

a. きて　　　　　　b. はいて　　　　　c. かぶって

2\. CDを聞いて(　　　)に○か×を入れましょう。×の時は理由も書きましょう。 TR-15

① 女の人は旅行をしています。（　　）

_____

② 女の人は写真の中で赤い帽子をかぶっています。（　　）

_____

③ 写真の中で女の人のお兄さんがプレゼントをもらっています。（　　）

_____

54

LESSON 6

率直（そっちょく）な意見（いけん）を聞（き）かせてください。

テーマ 意見（いけん）を言（い）う1

パターン1 意見を求（もと）める
パターン2 主張（しゅちょう）する

パターン 1　意見を求める

> 🌹 **勉強を始める前に…**
> 次の状況ではどのように言えばいいと思いますか。
> 具体的な例文を作ってください。

- 의견을 물을 때　　**意見を聞く。**
　　　　　　　　　たとえば この問題についての意見を聞かせてください。

- 편안한 분위기를 만들 때　**相手が意見を言いやすい雰囲気を作る。**
　　　　　　　　　たとえば あなたが思ったとおりに話せばいいです。

- 그 밖에　　　　　**他に「意見を求める」時にどんな言葉が使えると思いますか。**
　　　　　　　　　たとえば 何か一言お願いします。

ノート

率直そっちょくに　솔직히	単刀直入たんとうちょくにゅうに　단도직입적으로	些細ささいなこと　사소한 일
述のべる　(의견을) 말하다	伺うかがう　여쭈다	議題ぎだい　의제
聞きかせてください　들려 주세요		特とくにない　딱히 없다

係長　前回のイベントははっきり言って失敗だったわけですが、
　　　何が原因だったと思いますか。

みんな　…。

係長　どんな小さいことでもいいですから。
　　　気づいたことを言ってください。鬼塚さん。

まみ　いえ…私は特に…。

係長　例えば、アンケートを見ると「始まる時間が遅かった」
　　　という答えが多かったようですが…。

ミノ　あ…それについて一言いいですか。

係長　はい、どうぞ率直な意見を聞かせてください。

パターン12　主張する

> **勉強を始める前に…**
> 次の状況ではどのように言えばいいと思いますか。
> 具体的な例文を作ってください。

- 부드럽게 주장할 때

  やんわりと主張する。

  たとえば あの会社は、あなたにはちょっと会わないかもしれませんね。

- 강하게 주장할 때

  強く主張する。

  たとえば この計画はすぐに中止すべきです。

- 그 밖에

  他に「主張する」時にどんな言葉が使えると思いますか。

  たとえば アンケートによると、60%の人が反対しています。

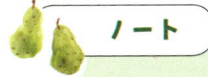

～のがいいと思う	～なくてはいけない	主張 주장
～하는 것이 좋다고 생각한다	～해야 한다	根拠 근거
～のはどうでしょうか	～ましょう　～합시다	証拠 증거
～하는 것은 어떨까요	～ほうがいい　～하는 것이 좋다	～によると　～에 따르면
～べきだ　～해야 한다	必ず 반드시	

58

教授　この論文に書いてあることについて、みなさんはどう思いますか。

ミナ　え、私ですか？

教授　あ、「ミナさん」じゃなくて、「みなさん」と言ったつもりだったんだけど…。まあ、せっかくだし、どうぞ。

ミナ　やっぱり、日本でも子供のころから英語を勉強したほうがいいんじゃないかと思います。

教授　なるほど。川瀬さんはどうですか。

さなえ　子供はまず自分の国の言葉を勉強しなくてはいけません。日本語もできないのに英語を教えることはやめるべきです。

Activity

A 次の言葉を主張の強さによってランキングしてみましょう。

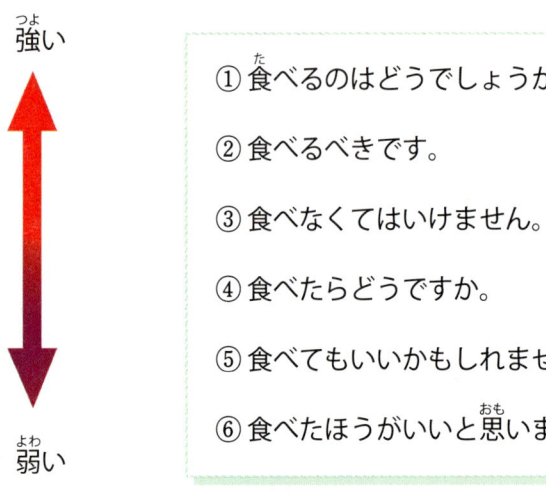

強い

弱い

① 食べるのはどうでしょうか。

② 食べるべきです。

③ 食べなくてはいけません。

④ 食べたらどうですか。

⑤ 食べてもいいかもしれません。

⑥ 食べたほうがいいと思います。

B ふきだしにセリフを入れて会話を完成させてください。

① 韓国の英語教育についてどう思う？ （やんわりと主張）

② 韓国の英語教育についてどう思う？ （強く主張）

Role-play

STEP ①

지금 한국에서 이슈가 되고 있는 문제를 클래스 사람과 이야기를 나누어 몇 가지 예를 들어 보세요.

今、韓国で話題になっている問題を、クラスの人と話し合っていくつかあげましょう。

例）
- 教育問題
- 仕事の問題
- 若者文化や流行の問題

STEP ②

그 중 한 가지에 대해 힌트를 근거로 간단한 스피치 문장을 만들어 보세요.

そのうち一つについて、ヒントを元に簡単なスピーチ文を作りましょう。

ヒント
- テーマ提示：今、韓国で（　　）が問題になっています。
- 背景：これは（　　）という問題です。
- 意見：私は（　　）と思います。
- 理由：なぜなら（　　）からです。

STEP ③

STEP2가 완성되면 한 사람씩 스피치를 하고 듣는 사람은 아래 표에 그 내용을 메모하세요.

STEP2ができたら一人ずつスピーチをして、聞いている人は下の表にその内容をメモしてください。

	さん	さん
テーマ		
意見		
理由		

STEP ④

어떤 사람의 스피치가 좋았는지 이야기를 나누어 보세요.

誰のスピーチがよかったか、お互いに話し合ってみましょう。

Lesson 6 >> 61

Exercise

1. (　　)にはどんな言葉が入りますか。a~cの中から選んでください。

① もうちょっと早く(　　)ほうがいいと思います。

 a. 起きた   b. 起きる   c. 起きて

② (　　)小さいことでもいいですから、言ってください。

 a. どれ   b. どんな   c. どのくらい

③ 私の代わりに彼に行ってもらうのは(　　)。

 a. どうでしょうか   b. いいでしょうか   c. なるでしょうか

2. CDを聞いて(　　)に○か×を入れましょう。×の時は理由も書きましょう。 `TR-18`

① 二人は店のインテリアについて話している。(　　)

――――――――――――――――――――――――――

② 女の人は最後まで自分の意見を言わなかった。(　　)

――――――――――――――――――――――――――

③ 女の人はカウンター席を減らしたほうがいいと思っている。(　　)

――――――――――――――――――――――――――

LESSON 7

私もミノさんと同じ意見です。

テーマ 意見を言う2

パターン1 賛成する
パターン2 反対する

パターン 1　賛成する

> 🌱 **勉強を始める前に…**
> 次の状況ではどのように言えばいいと思いますか。
> 具体的な例文を作ってください。

- 의견에 호감을 나타낼 때　相手の意見に好感を示す。
  　　　　　　　　　　　たとえば それはとても面白いですね。

- 같은 의견임을 나타낼 때　相手と同じ考えであることを示す。
  　　　　　　　　　　　たとえば 私も同じ考えです。

- 그 밖에　　　　　　　　他に「賛成する」時にどんな言葉が使えると思いますか。
  　　　　　　　　　　　たとえば すぐ実行すべきだと思います。

 ノート

名案めいあん 명안	素晴すばらしい 훌륭하다	その線せんで行いく
アイディア 아이디어	目めからうろこが落おちる	그 콘셉트로 가다
賛成さんせい 찬성	갑자기 깨닫다	魅力的みりょくてき 매력적
ユニーク 개성적	コロンブスの卵たまご	肯定的こうていてき 긍정적
独創的どくそうてき 독창적	콜럼버스의 달걀	
同意どうい 동의	(무슨 일이든 처음 하기란 어렵다)	

64

課長　今回の企画はこの案でいこうかと思うんだが。

みんなはどう思う？

ミノ　アイディアもユニークだし、とても面白いと思います。

課長　うむ、鬼塚君の考えはどう？

まみ　私もミノさんと同じ意見です。今までになかった

アイディアですので、ライバル会社に先を越される前に

すべきだと思います。

課長　そうだな、私も同感だ。

では、さっそく準備にとりかかろう。

パターン 12　反対する

> **勉強を始める前に…**
> 次の状況ではどのように言えばいいと思いますか。
> 具体的な例文を作ってください。

- 반대 의견을 나타낼 때　　反対の意見を示す。

  たとえば　それはあまりいい考えじゃないと思います。

- 의문을 제시할 때　　疑問を呈する。

  たとえば　本当にそれでうまくいくかなあ。

- 그 밖에　　他に「反対する」時にどんな言葉が使えると思いますか。

  たとえば　あの学校は出来てまだそんなにたってないし…。

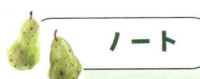

断固反対（だんこはんたい）결사반대　　考（かんが）え直（なお）す 다시 생각하다　　見送（みおく）る 배웅하다
危険（きけん）위험　　もう一息（ひといき）약간의 노력　　賛成（さんせい）しかねる 찬성할 수 없다
リスク 리스크　　まだまだ 아직 (멀었다)
不利（ふり）だ 불리하다　　大（たい）して〜ない 별로 〜지 않다　　否定的（ひていてき）부정적

66

🎧 TR-20

たけし　今度の先生の誕生日パーティの場所だけど、

　　　　いつもの居酒屋でいいよね。

さなえ　ええっ、あたしやだ〜！あそこ料理おいしくないんだもん。

　　　　絶対反対！

たけし　だけど、安くて学校からも近いし、いいと思うけどなあ。

　　　　ミナちゃんはどう思う？

ミナ　　う、うん…やっぱりあそこはちょっとどうかな。

　　　　お店の人もあんまり親切じゃないし…。

たけし　そ、そう？　まあミナちゃんがそういうなら

　　　　しょうがないよね。

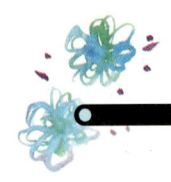

Activity

A 次の文を、「賛成しているもの」と、「反対しているもの」に分けてください。

① それはちょっとどうかなあ。（賛成/反対）

② 悪くないと思います。（賛成/反対）

③ もうちょっと考えてみましょう。（賛成/反対）

④ どこからこんなアイディアが出たんですか。（賛成/反対）

⑤ リスクが大きいのではないでしょうか。（賛成/反対）

⑥ すぐ実行しましょう。（賛成/反対）

⑦ その線でいきましょう。（賛成/反対）

⑧ まだちょっと早いのでは…？（賛成/反対）

B ふきだしにセリフを入れて会話を完成させてください。

Role-play

クラスを1つの会社に見立てて、よりよい会社にするために意見を出し合いましょう。(みなさんはその会社の理事です。)

클래스를 하나의 회사로 설정하고 보다 좋은 회사를 만들기 위해 의견을 내 보세요. (여러분은 이 회사의 이사입니다.)

STEP ❶

먼저 보다 좋은 회사를 만들기 위한 제안을 각자 생각해 보세요.

準備 まず、よりよい会社にするための提案を各自考えましょう。

提案：

STEP ❷

STEP1에서 생각한 제안을 클래스 사람에게 말합니다. 클래스 사람은 그 제안에 대해 자신의 의견을 말합니다. (가능한 한 찬성·반대의 이유도 함께 말해 보세요.)

STEP1で考えた提案をクラスの人にします。クラスの人は、その提案について自分の意見を言います。(できれば賛成・反対の理由も一緒に言いましょう。)

> 金曜日を休みにして、その代わりに日曜日に出勤するのはどうでしょうか。

> 私は悪くないアイディアだと思います。

> うーん…それに何の意味があるんでしょうか…。

STEP ❸

자신의 의견에 찬성하는 사람, 반대하는 사람 수를 아래에 적어 봅시다. 가장 많은 찬성 의견을 얻은 것은 누구의 어떤 아이디어였나요?

自分の意見に賛成の人、反対の人の人数を下に書きましょう。一番多くの賛同を得られたのは誰のどんなアイディアでしたか。

賛成：＿＿＿＿人   反対：＿＿＿＿人

Exercise

1. (　　)にはどんな言葉が入りますか。a~cの中から選んでください。

① 私はその考えには賛成（　　　）。

　　a. しかねます　　　　b. しかねません　　　c. しかけます

② 誰も考えつかなかった（　　　）なアイディアですね。

　　a. ニュー　　　　　　b. ユニーク　　　　　c. ゴージャス

③ 目から（　　　）が落ちました。

　　a. うろこ　　　　　　b. ふところ　　　　　c. ところてん

2. CDを聞いて(　　　)に○か×を入れましょう。×の時は理由も書きましょう。 TR-21

① 女の人は男の人の意見に反対しています。(　　)

_____

② 前回のイベントは女の人の参加者が多かったです。(　　)

_____

③ イベントのテーマは「女の力」になりました。(　　)

_____

LESSON 8

ああ、イライラする。

テーマ　不満(ふまん)を言(い)う

パターン1　愚痴(ぐち)を言う
パターン2　文句(もんく)を言う

パターン 1　愚痴を言う

> 🌹 **勉強を始める前に…**
> 次の状況ではどのように言えばいいと思いますか。
> 具体的な例文を作ってください。

・불쾌감을 나타낼 때　　不快感を表す。
　　　　　　　　　　　たとえば　まったく腹が立つなあ。

・불만을 말할 때　　　　不満に思っていることを言う。
　　　　　　　　　　　たとえば　あの人はいつも遅刻するんだから…。

・그 밖에　　　　　　　他に「愚痴を言う」時にどんな言葉が使えると思いますか。
　　　　　　　　　　　たとえば　全くついていないですよ。

ノート

愚痴を言う(こぼす)　　　　　全く　정말, 도대체가　　　　　がっかり　낙심하다
불만을 털어놓다　　　　　　ついていない　재수가 없다　　　いいかげんにする　적당히 하다
イライラ　안절부절못하다　　不運　불운　　　　　　　　　　ふざける　장난치다, 까불다
むかつく　짜증이 나다　　　　うんざり　지긋지긋하게

ゆうや　ああ、イライラする。

ミノ　　あ…ひょっとして課長のことですか。

ゆうや　もとはといえばあの企画は僕が考えたんですよ。
　　　　それを、自分のアイディアみたいに…。

ミノ　　確かにそれはやめてほしいですね。

ゆうや　ええ、いつもそうですよ。まったく…。

ミノ　　愚痴ばかり言っていてもしょうがないですよ…
　　　　頑張りましょう。

ゆうや　さっき頼んだおつまみもまだ出てこないし、
　　　　みんな僕を馬鹿にして！

ミノ　　まあまあ…。

パターン 2　文句を言う

> 🌸 **勉強を始める前に…**
> 次の状況ではどのように言えばいいと思いますか。
> 具体的な例文を作ってください。

- 명령하거나 금지할 때　　相手に命令したり、禁止したりする。
　　　　　　　　　　　　[たとえば] もっと早く電話にでてよ。

- 싫은 감정을 표현할 때　　自分のいやな気持ちをアピールする。
　　　　　　　　　　　　[たとえば] あなたって、いつも遅れてくるから困るのよ。

- 그 밖에　　　　　　　　他に「文句を言う」時にどんな言葉が使えると思いますか。
　　　　　　　　　　　　[たとえば] 忙しくて時間がないんだから、しょうがないだろ！

ノート

いつも 늘, 언제나	小言 こごと 잔소리	～以下 いか ～만도 못 하다
それぐらい 그까짓 것	我慢 がまん する 참다	気に入らない
～て/～ないで ～해/~하지마	しつこい 끈질기다	마음에 들지 않다
ガミガミ 꽥꽥	～でもできる ～라도 할 수 있다	

74

🎧 TR-23

さなえ　ちょっと、ミナちゃん今どこ？

ミナ　　あ、ごめん、また道に迷っちゃって…。

さなえ　また？もう、これで何回目なのよ…。方向オンチなのはわかるけど、子供じゃないんだからいい加減覚えてよ。

ミナ　　そ、そんな言い方しなくてもいいじゃない。

さなえ　あの馬鹿たかしだって、何度か来れば覚えるよ。

ミナ　　さなえちゃん、いつもたけし君のこと馬鹿にしないでくれる？気分悪くなるんだけど。

さなえ　え？たけしのことでなんでミナちゃんが怒るのよ。

ミナ　　そ、それは…。もういい！今日は会いたくない。帰る！

さなえ　ちょ、ちょっとミナちゃん…？

Activity

A 次の人たちに文句を言ってみましょう。

① 政治家　② おばさん　③ 暴走族

B ふきだしにセリフを入れて会話を完成させてください。

① 何で〜／だって忙しいんだから、しょうがないだろ。

② この料理〜／そうだね…。他の店にしたほうがよかったかもね。

③ うちの母親のことを悪く言うのやめろよ！／あなたこそ〜

Role-play

仮想のカップルになって口げんかをしてみましょう。

가상의 커플이 되어 말다툼을 해 보세요.

STEP ❶

먼저 클래스를 몇 개의 커플로 나눠 보세요. (남녀 비율이 맞지 않는 경우에는 누가 남자 친구, 여자 친구 역할을 할지 결정해 주세요.)

準備 まず、クラスをいくつかのカップルに分けましょう。(男女比が合わない場合は、誰が彼氏・彼女役をするか決めてください。)

STEP ❷

아래에 상대에 대한 불만을 '해 주었으면 하는 것', '하지 않았으면 하는 것'으로 나누어 써 보세요.

準備 下に相手に対する不満を「してほしいこと」、「しないでほしいこと」に分けて書きましょう。

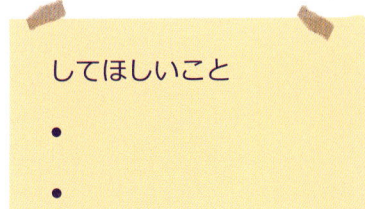

STEP ❸

한 커플씩 앞에 나와 말다툼을 해 주세요(2~3분 정도). (가능하면 상대가 말한 것에 대한 변명도 해 보세요.)

一カップルずつ、前に出て口げんかをしてください(2~3分ほど)。(できれば、言われたことに対する弁明もしましょう。)

STEP ❹

남은 사람은 두 사람의 말다툼을 보고, 어느 쪽이 잘했는지 판단해 주세요.

残りの人は二人の口げんかを見て、どっちが上手だったか判定してください。

Exercise

1. (　　　)にはどんな言葉が入りますか。a~cの中から選んでください。

    ① まったく(　　)にしてください。
    　　a. いいていど　　　　b. いいぐあい　　　　c. いいかげん

    ② いつもいつも同じことを聞かされて(　　)だ。
    　　a. うんざり　　　　　b. がっかり　　　　　c. すっきり

    ③ こんなことは(　　)でもわかることだ。
    　　a. 子供　　　　　　　b. 大人　　　　　　　c. 人間

2. CDを聞いて(　　)に○か×を入れましょう。×の時は理由も書きましょう。 TR-24

    ① 男の人はビールを飲みたがっています。(　　)

    ② 女の人は前から男の人に不満を持っていました。(　　)

    ③ 男の人は自分でビールを買いにいかなければなりません。(　　)

チェックリスト

学習を通してつぎのことができるようになったかチェックしてみましょう。

5
自分の事情をわかりやすく説明することができる。 □

見たり聞いたりしたものを描写することができる。 □

6
あるテーマに関して、他の人の意見を求めることができる。 □

自分の意見を主張することができる。 □

7
理由を言いながら他の人の意見に賛成することができる。 □

理由を言いながら他の人の意見に反対することができる。 □

8
不満を感じていることに関して愚痴をいうことができる。 □

気に入らないことについて文句をいうことができる。 □

もう完璧 ◎ 　　前よりはできるようになった ○ 　　まだちょっと… △

LESSON 9

大変申し訳ありませんでした。

テーマ 仲直りする

パターン1 謝る
パターン2 許す

パターン 1　謝る

🌸 勉強を始める前に…
次の状況ではどのように言えばいいと思いますか。
具体的な例文を作ってください。

- 실수를 인정할 때　　自分の間違いを認める。
　　　　　　　　　　たとえば　本当に申し訳ありませんでした。

- 책임을 질 때　　　　責任を取る。
　　　　　　　　　　たとえば　私が弁償します。

- 그 밖에　　　　　　他に「謝る」時にどんな言葉が使えると思いますか。
　　　　　　　　　　たとえば　もう二度としません。

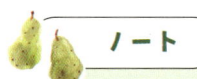

謝罪しゃざい 사죄	土下座どげざする 무릎을 꿇고 정중히 사과하다	弁償べんしょう 변상
お詫わび 사죄, 보상	気きが済すむ 마음이 풀리다	反省はんせい 반성
申もうし訳わけない 죄송하다	責任せきにんを取とる 책임을 지다	悪わるい悪わるい 미안 미안
迷惑めいわくをかける 폐를 끼치다		

82

部長　今回はうちの社員がご迷惑をおかけしまして、
　　　大変申し訳ありませんでした。

ミノ　申し訳ありませんでした！

客　　まったく、客との約束を何だと思ってるんですか。

部長　二度とこのようなことがないように、
　　　指導を徹底しますので…。

客　　そんなことで私の気が済むと思ってるんですか。

部長　すべて上司である私の責任です。心からお詫びいたします。

ミノ　あの〜お詫びといっては何ですが、どうぞお納めください。

客　　ん〜。あ、ああ、これからは注意してくださいよ。

パターン 12　許す

> 🌸 **勉強を始める前に…**
> 次の状況ではどのように言えばいいと思いますか。
> 具体的な例文を作ってください。

- 사과를 받아 줄 때　謝罪を受け入れる。
  　たとえば　もう謝らなくていいですよ。

- 나도 잘못했다고 말할 때　自分も悪かったと言う。
  　たとえば　山田さんだけのせいじゃないですよ。

- 그 밖에　他に「許す」時にどんな言葉が使えると思いますか。
  　たとえば　過ぎたことですから。

十分だ 충분하다	水に流す 물에 흘리다, 없던 일로 하다	気にしないでください 신경 쓰지 마세요
～のせい ～의 탓, ～때문	受け入れる 받아들이다	いいですから 됐으니까
過ぎたこと 지난 일	あきらめる 포기하다	

さなえ　ミナちゃん、ごめんね…。
　　　　こないだはひどいこと言っちゃって。まさか、たけしのことそんな風に思ってるとは思わなくてさ。ほんとごめん。

ミナ　　ううん、もういいの。私こそごめん。
　　　　いつもさなえちゃんに頼ってばっかりで…。

さなえ　ええっ、全然そんなことないよ。ほら、私ってすぐカッとなるタイプだからさ。ついつい…。

ミナ　　あ、それよりさなえちゃん、その話はたけし君には…。

さなえ　わかってるって！絶対言わないから！

Activity

A 次の言葉は「どんな人」に謝るときに使う言葉でしょうか。

① 「悪い悪い」　　　　：（ 男の人 / 女の人 ）が（ 友達 / 目上の人 ）に

② 「すみません」　　　：（ 友達 / 目上の人 ）に

③ 「ごめんね」　　　　：（ 友達 / 目上の人 ）に

④ 「申し訳ありません」：（ 友達 / 目上の ）に

B ふきだしにセリフを入れて会話を完成させてください。

Role-play

2人のペアになって、謝罪のロールプレイをしましょう。

두 명이 짝이 되어 사죄하는 롤플레이를 해 보세요.

STEP ❶

자신이 상대편에게 사과해야 할 것을 이유를 만들어 아래에 써 보세요.

準備 自分が相手に謝ることを自由に作って下に書きましょう。

(　　　　) さんへ謝ること

> 例) トイレに行っている間に携帯を見てしまいました。

STEP ❷

'○○씨에게 사과할 것이 있는데요' 라고 말을 꺼냅니다.

「○○さんに謝ることがあるんですが…」と話を切り出します。

STEP ❸

용서하는 쪽 사람은 아래 원을 중심으로 펜을 세워 쓰러뜨립니다. 펜이 쓰러진 방향에 따라 어떻게 대응할지 결정됩니다.

謝られる側の人は下の円の中心にペンを立てて、倒します。ペンが倒れた方向によって対応が決まります。

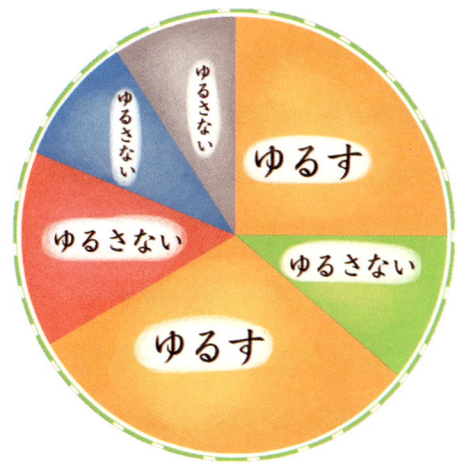

STEP ❹

용서를 받았다면 사과하는 쪽과 용서하는 쪽의 역할을 바꿔 보세요.

許してもらったら、謝る側と謝られる側の役割を交代しましょう。

Exercise

1. (　　)にはどんな言葉が入りますか。a~cの中から選んでください。

① ご迷惑を（　　　）しました。

　　a. おかけ　　　　　　　b. おだし　　　　　　　c. おまち

② こうなったのも全部私の（　　　）です。許してください。

　　a. おかげ　　　　　　　b. せい　　　　　　　　c. 原因

③ どう責任を（　　　）つもりですか。

　　a. とる　　　　　　　　b. みる　　　　　　　　c. だす

2. CDを聞いて(　　　)に○か×を入れましょう。×の時は理由も書きましょう。 TR-27

① 男の人が女の人に謝っています。（　　）

_____

② 男の人は女の人のドレスを汚してしまいました。（　　）

_____

③ 女の人は最後まで男の人を許しませんでした。（　　）

_____

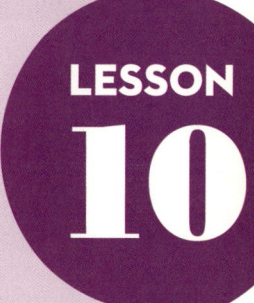

ミナちゃんってホントすごいよね。

テーマ ほめる

パターン1 相手(あいて)をほめる
パターン2 謙遜(けんそん)する

パターン 1　相手をほめる

> 🌸 **勉強を始める前に…**
> 次の状況ではどのように言えばいいと思いますか。
> 具体的な例文を作ってください。

- 외모를 칭찬할 때　　外見をほめる。
  　　　　　　　　　　[たとえば] 本当にハンサムですね。

- 능력을 칭찬할 때　　能力をほめる。
  　　　　　　　　　　[たとえば] 走るのが速いですね。

- 그 밖에　　他に「相手をほめる」時にどんな言葉が使えると思いますか。
  　　　　　　[たとえば] 歌手になったらどうですか。

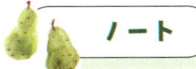

ハンサム 미남	セクシーだ 섹시하다	～も顔負け ～못지않다
イケメン 얼짱, 꽃미남	ユーモアがある 유머가 있다	天才(てんさい) 천재
美人(びじん) 미인	～が上手(うまい) ～를 잘한다	才能(さいのう) 재능
スタイルがいい 스타일이 좋다	まるで～みたいだ 마치 ～같다	

まみ　　おはようございます。

ミノ　　おはようございます。あれ？ まみさん、髪切ったんですか。

まみ　　ええ、ちょっと気分転換に。どうですか。

ミノ　　すごくよく似合ってますよ。何だかモデルさんみたいです。

まみ　　本当ですか？ ありがとうございます。さすがミノさん、
日本語も上手いけどお世辞も上手なんですね。

ミノ　　えっ、いやいやお世辞じゃないですよ。
本当に素敵だと思います。

パターン 2 　謙遜する

 勉強を始める前に…
次の状況ではどのように言えばいいと思いますか。
具体的な例文を作ってください。

- 칭찬의 말을 부정할 때　相手のほめ言葉を否定する。
  　　　　　　　　　　　たとえば　全然そんなことないですよ。

- 아직 부족하다고 말할 때　まだ努力が足りないことをアピールする。
  　　　　　　　　　　　　たとえば　もっとがんばって勉強しなくてはいけません。

- 그 밖에　他に「謙遜する」時にどんな言葉が使えると思いますか。
  　　　　たとえば　山田さんこそ、英語ぺらぺらじゃないですか。

 ノート

とんでもない 당치도 않다
滅相めっそうもない
당치도 않다, 있을 수 없는 일이다
恥はずかしい 창피하다, 민망하다
努力どりょくが足たりない
노력이 부족하다

つまらないものですが
약소한 물건입니다만
～さんのおかげです
～씨 덕분입니다
大たいしたことない 별거 아니다
おだてる 비행기를 태우다

それほどでもない 그렇지도 않다
社交辞令しゃこうじれい
겉치레 말, 외교사령
お世辞せじ 입에 발린 말, 겉치레 말

92

たけし　この料理、全部ミナちゃんが作ったの？

ミナ　　うん、大したことないけど…。

さなえ　ミナちゃんってホントすごいよね。料理もできるし、
　　　　日本語も完璧だし、おまけにかわいいし！

ミナ　　え、そんなことないよ。さなえちゃんのほうがずっと
　　　　かわいいし、それに日本語はもっとがんばらないと。

さなえ　何謙遜してるのよ。でもさ、ミナちゃんの彼氏になれる
　　　　人ってほんとにラッキーだよね。ね、そう思わない？

たけし　ん？　ああ、かもね。うわあ、これもうまい！

さなえ　このバカ…。

Activity

A 次の①〜③のうち、Bの謙遜表現が間違っているものはどれですか。また、その理由は何ですか。

① A いやあ、いつも洋服のセンスがすてきですね。
　 B いえいえ、安物ばかりで恥ずかしいです。

② A 韓国語が上手ですね、韓国人みたいです。
　 B 何言ってるんですか。キムさんだって、日本人より日本語が上手じゃないですか。

③ A すごいですね！どうやったらそんなに上手くできるんですか。
　 B すべて毎日の練習の成果です。

謙遜表現が間違っているもの	
理由	
どう言えばいい？	

B ふきだしにセリフを入れて会話を完成させてください。

Role-play

STEP ❶

아래 표에 클래스 사람들의 장점을 써 보세요.

下の表にクラスの人たちの長所を書きましょう。

	ここがすごい！
先生	絵がうまい

STEP ❷

클래스 사람을 한 명씩 모두 순서대로 칭찬해 보세요. 칭찬을 받은 사람은 겸손 표현을 써서 대답해 보세요.

クラスの人を一人ずつ、みんなで順番にほめましょう。ほめられた人は謙遜表現を使って答えましょう。

いつもおしゃれですね。

そのブーツ、すてきですね。

STEP ❸

클래스 중에서 가장 칭찬을 잘하는 사람과, 칭찬을 많이 받은 사람이 누군지 생각해 보고, 그 이유도 발표해 보세요.

クラスの中で一番のほめ上手と、ほめられ上手はだれか考えて、その理由も発表しましょう。

- ほめ上手：（　　　　）さん
  理由：＿＿＿＿＿＿＿＿＿＿＿＿＿＿＿

- ほめられ上手：（　　　　）さん
  理由：＿＿＿＿＿＿＿＿＿＿＿＿＿＿＿

Exercise

1. (　　　)にはどんな言葉が入りますか。a~cの中から選んでください。

① スタイルがいいですね、(　　　) モデルみたいです。
   a. まちで　　　　　　b. まるで　　　　　　c. まとで

② いえいえ (　　　) です。
   a. とんでもない　　　b. しんでもない　　　c. ふんでもない

③ (　　　) ですが、どうぞ。
   a. つまらないこと　　b. つまらないもの　　c. たまらないもの

2. CDを聞いて(　　　)に○か×を入れましょう。×の時は理由も書きましょう。 TR-30

① 女の人は男の人の部屋に遊びに来ました。(　　)

_____

② 女の人は自分には絵の才能があると言いました。(　　)

_____

③ 男の人は女の人に会社をやめてほしいと思っています。(　　)

_____

LESSON 11

元気(げんき)がないですね。
何(なに)かあったんですか。

テーマ 相談(そうだん)する

パターン1 打(う)ち明(あ)ける
パターン2 アドバイスする

パターン 1　打ち明ける

> 🌼 **勉強を始める前に…**
> 次の状況ではどのように言えばいいと思いますか。
> 具体的な例文を作ってください。

- 고민을 넌지시 물을 때　悩みを聞きだす。
  - たとえば　元気がないですね。何かあったんですか。

- 고민을 털어놓을 때　悩みを打ち明ける。
  - たとえば　実はちょっと困っていることがあって…。

- 그 밖에　他に「打ち明ける」時にどんな言葉が使えると思いますか。
  - たとえば　この話は絶対秘密にしておいてくださいね。

ノート

悩なやみ事ごと　고민거리
考かんがえ事ごと　생각, 걱정거리
ため息いき　한숨
様子ようすが変へんだ　평소와 다르다, 태도가 이상하다
打うち明あける　털어놓다

告白こくはくする　고백하다
心こころが軽かるくなる　마음이 가벼워지다
くよくよする　고민에 빠지다
相談そうだんに乗のる　상담에 응하다

口くちが固かたい　입이 무겁다
秘密ひみつを守まもる　비밀을 지키다
守秘義務しゅひぎむ　비밀 유지 의무
～かどうか　～할지 말지

ゆうや　ミノさん、何だか元気がないですね。何かあったんですか。

ミノ　　いや、別に…何でもないです。

ゆうや　何でもないってことはないでしょ。さっきからずっとため息ばかりついて。何か悩みがあるなら聞かせてください。

ミノ　　はあ…。じゃ、話しますけど、ゆうやさん、
　　　　これは他の人には絶対に言わないでくださいよ。

ゆうや　当り前じゃないですか。
　　　　こう見えても僕、口は固いですから。

ミノ　　実は最近すごく悩んでるんです。まみさんのことで…。

ゆうや　え？鬼塚まみさんですか？

パターン 2　アドバイスする

> **勉強を始める前に…**
> 次の状況ではどのように言えばいいと思いますか。
> 具体的な例文を作ってください。

- 방법을 제안할 때　　方法を提案する。
  - たとえば　今度先生に会った時に聞いてみたら？

- 참고로 이야기할 때　　参考のために自分の話をする。
  - たとえば　僕もソウルに行ったことあるんだけど、冬は寒かったよ。

- ユ 밖에　　他に「アドバイスをする」時にどんな言葉が使えると思いますか。
  - たとえば　こないだ新聞にこんな話が載ってたよ。

 **ノート**

ちなみに 참고로	統計（とうけい） 통계	自分（じぶん）なら 나라면
立場（たちば） 입장	データ 데이터	経験上（けいけんじょう） 경험상
助言（じょげん） 조언	アンケート 설문 조사	〜たらどう 〜하면 어때?
忠告（ちゅうこく） 충고	〜によると 〜에 따르면	一ひとつの案（あん） 한 가지 제안

100

たけし　バイト先の店長から、夜も働いてくれって言われたんだけど、どうしようかなあ。

ミナ　たけし君、最近勉強が大変だって言ってたじゃない。断った方がいいんじゃない？

たけし　うーん、でもその代わり時給をあげてくれるっていうんだ。

ミナ　でも無理して体こわしちゃったら大変だよ。私なら断ると思うけど…。たけし君、何かお金が必要なことでもあるの？

たけし　うん…実は、プレゼントを買ってあげたい子がいるんだ。

ミナ　ええっ！そ、そうなんだ…。じゃ、じゃあ毎晩じゃなくて、週に何回かにしたらどう？

Activity

A 次の人たちにアドバイスをしてみましょう。

① いくらダイエットをしても失敗してしまう。
② 全然日本語が上手にならない。
③ 彼女ができない。
④ 学校に行きたくない。

B ふきだしにセリフを入れて会話を完成させてください。

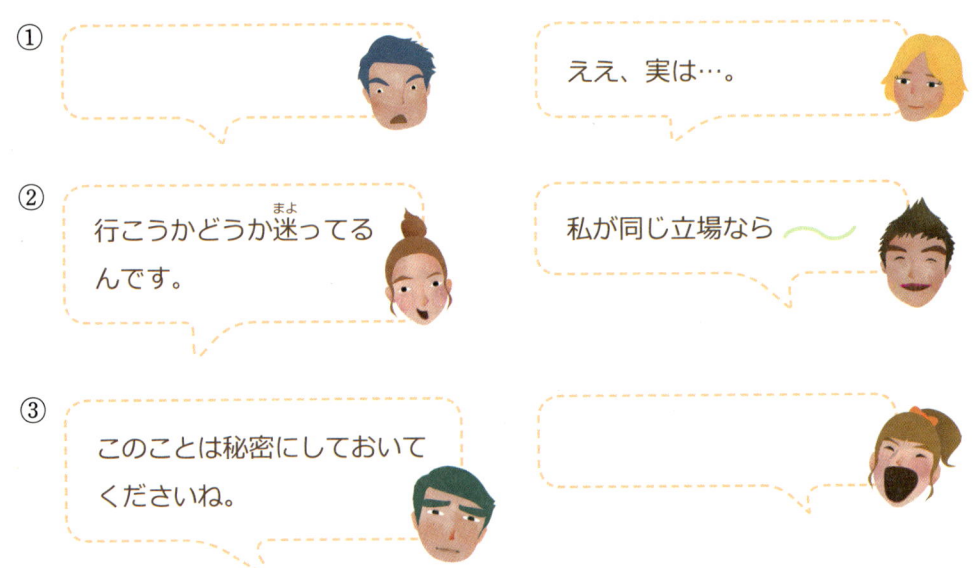

① ／ ええ、実は…。
② 行こうかどうか迷ってるんです。／ 私が同じ立場なら
③ このことは秘密にしておいてくださいね。／

Role-play

STEP ❶
충고하고 싶은 것을 생각해 보세요. (사실이 아니어도 좋습니다.)

アドバイスしてほしいことを考えましょう。(本当のことではなくてもいいです。)

ヒント	勉強のこと	恋愛のこと	人間関係のこと
	将来のこと	外見のこと	仕事のこと
	その他		

STEP ❷
짝을 이루거나 그룹을 만들어 먼저 상담할 사람과 충고할 사람을 나눕니다. 충고할 사람은 상냥하게 고민을 물어 주세요.

ペアやグループになって、まず相談する人と、アドバイスをする人にわかれます。アドバイスする人はやさしく悩みを聞きだしてください。

最近、元気がないですね。

STEP ❸
상담하는 사람은 고민을 털어놓으세요. 충고하는 사람은 어떻게 하면 좋을지 생각하고 충고해 보세요.

相談する人は悩みを打ち明けてください。アドバイスする人はどうすればいいか考えてアドバイスしてあげましょう。

STEP ❹
충고 받은 내용을 아래에 메모하고 평가해 보세요. (누구의 충고가 가장 좋은지 발표해 보는 것도 재미있습니다.)

アドバイスしてもらった内容を下にメモし、評価しましょう。(誰のアドバイスが一番よかったか発表しても面白いです。)

アドバイスの内容

Lesson 11

Exercise

1. ( )にはどんな言葉が入りますか。a~cの中から選んでください。

① 元気がないですね、何か（　　）でもあるんですか。

   a. なやみ　　　　b. くやみ　　　　c. こまり

② 私でよかったら相談に（　　）から。

   a. くる　　　　　b. のる　　　　　c. はる

③ 僕の（　　）では、そういう時は連絡しないほうがいいですよ。

   a. 経験　　　　　b. 助言　　　　　c. 忠告

2. CDを聞いて(　　)に○か×を入れましょう。×の時は理由も書きましょう。 TR-33

① 男の人は自分から女の人に悩みを打ち明けました。（　　）

_____

② 男の人は仕事のことで悩んでいます。（　　）

_____

③ 女の人は自分の経験をもとにアドバイスしました。（　　）

_____

LESSON 12

元気出そう？　私応援するから。

テーマ 相手を理解する

パターン1 共感・同情する
パターン2 なぐさめる・励ます

パターン 1　共感・同情する

> 🌸 **勉強を始める前に…**
> 次の状況ではどのように言えばいいと思いますか。
> 具体的な例文を作ってください。

- 기분을 짐작할 때　　相手の気持ちを察する。
  　　　　　　　　　　たとえば　それは痛かったでしょう。

- 감정을 공유할 때　　相手と感情を共有する。
  　　　　　　　　　　たとえば　それは確かに腹が立つよね。

- 그 밖에　　　　　　他に「共感・同情する」時にどんな言葉が使えると思いますか。
  　　　　　　　　　　たとえば　私だったら耐えられないと思う。

共感きょうかん 공감	どんなに〜か 얼마나 〜인가	他人事たにんごと 남의 일
同情どうじょう 동정	かわいそう 불쌍하다	我わがことのよう 자기 일 같이
さぞ〜でしょう 꽤 〜했지요	〜よね 〜지?	よしよし 좋아 좋아, 그래 그래
よほど 상당히, 무척	つらい 괴롭다	

106

ゆうや　なるほど、そうだったんですか…。

ミノ　もちろん、まみさんは同僚としては素敵な女性だとは思うけど、恋人にしたいかというと…。

ゆうや　ミノさんも、大変ですね。お察ししますよ。
でも、まみさんの性格を考えると、断ったからってすぐに諦めるとは思えませんけどねえ。

ミノ　そうですね…。とにかくありがとうございます。
忙しいのに話を聞いてくださって。

ゆうや　いやいや、僕はミノさんが話してくれて嬉しかったですよ。
これからも何かあったら相談してください。

ミノ　はい、おかげでちょっと元気がでました。
これからもよろしくお願いします。

パターン 12　なぐさめる・励ます

勉強を始める前に…
次の状況ではどのように言えばいいと思いますか。
具体的な例文を作ってください。

- 기운을 북돋을 때　　相手を悲しみから救う。
   そんなに落ちこまないでよ。

- 긍정적인 말로 안심시킬 때　肯定的なことを言って相手を安心させる。
   きっと大丈夫だよ。僕は信じてるから。

- 그 밖에　　他に「なぐさめる・励ます」時にどんな言葉が使えると思いますか。
   過ぎたことはしょうがないよ。

落ちこむ 낙담하다	元気を出す 기운을 내다	未来志向 미래 지향
ブルーになる 우울해지다	頑張る 힘을 내다/열심히 하다	報われる 보답 받다
楽観的 낙관적	ベストを尽くす 최선을 다하다	気が晴れる 마음이 풀리다
悲観的 비관적	きっと 꼭	気分転換 기분 전환

さなえ　そうだったの。たけしのやつそんなことを…。

ミナ　　うん、たけし君誰か好きな人いるのかなあ…。

さなえ　そんな、落ちこまないでよ！まだ好きな子にあげる
　　　　プレゼントって決まったわけじゃないんだから。

ミナ　　うん、そうかなあ…。

さなえ　大丈夫だって、ミナちゃん！私思うんだけど、
　　　　それってミナちゃんへのプレゼントじゃないかな。

ミナ　　ええっ、まさか…。

さなえ　きっとそうだよ。あいつ絶対ミナちゃんのこと好きなんだよ。
　　　　だから、元気出そう？私応援するから。

ミナ　　ありがとう、さなえちゃん。

Activity

A 次の人たちの気持ちを察して声をかけてあげましょう。

①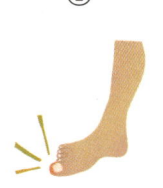
電車の中で
足をふまれました。

②
息子から
連絡がなくて…。

③
ついにテストに
合格しました。

④
昨日は一日中
立っていました。

⑤
彼女が日本に
行ってしまいました。

B ふきだしにセリフを入れて会話を完成させてください。

① 昨日は全然ねられませんでした。

② みんなの前でうまく発表できるか心配で…。

きっと〜

③

ありがとう。おかげで気持ちが楽になった。

Role-play

STEP ❶
최근에 있었던 '좋은 일', '나쁜 일'을 아래에 적어 보세요.

準備 最近あった「いいこと」と、「悪いこと」を下に書きましょう。

> いいこと
> 例）テストで100点をとりました。

> 悪いこと
> 例）試験に落ちてしまった。

STEP ❷
STEP1에서 적은 '좋은 일'을 클래스에서 발표해 보세요. 다른 사람들은 발표한 사람의 기분을 짐작해 코멘트해 보세요.

STEP1で書いた「いいこと」をクラスで発表しましょう。他の人たちは、発表した人の気持ちを察してコメントしましょう。

STEP ❸
STEP1에서 적은 '나쁜 일'을 STEP2와 같이 발표해 보세요. 다른 사람들은 동정·위로의 말을 해 주세요.

STEP1で書いた「悪いこと」をSTEP2と同じように発表しましょう。他の人たちは、同情・なぐさめの言葉をかけてあげてください。

STEP ❹
발표한 다음 누구의 어떤 코멘트가 기뻤는지 각자 이야기해 보세요.

発表した後、誰のどんなコメントがうれしかったか、それぞれ話し合ってみましょう。

Exercise

1. (　　)にはどんな言葉が入りますか。a~cの中から選んでください。

① それは（　　）寒かったでしょう。
　a. さぞ　　　　　　b. どうぞ　　　　　　c. まぞ

② きっといいことがありますから、そんなに（　　）でください。
　a. 打ちこまない　　b. 落ちこまない　　c. 落ち着かない

③ 話を聞いてもらって、気持ちが少し（　　）ました。
　a. はれ　　　　　　b. くもり　　　　　　c. ばれ

2. CDを聞いて(　　)に○か×を入れましょう。×の時は理由も書きましょう。 TR-36

① 男の人は女の人に同情しています。(　　)

② 女の人はお酒が弱いです。(　　)

③ 女の人はなんとか家まで帰れました。(　　)

チェックリスト

学習を通してつぎのことができるようになったかチェックしてみましょう。

9
- 自分がしたことを謝ることができる。　☐
- 謝っている相手を許すことができる。　☐

10
- 相手をほめることができる。　☐
- ほめられたとき謙遜することができる。　☐

11
- 悩みや問題を打ち明けることができる。　☐
- 困っている人にアドバイスすることができる。　☐

12
- 相手に共感したり、同情したりできる。　☐
- 落ちこんでいる相手をなぐさめたり、はげましたりできる。　☐

もう完璧 ◎　　前よりはできるようになった 〇　　まだちょっと… △

LESSON 13

つまり一緒に考えてくれってことでしょ？

テーマ 説得・交渉する1

パターン1 話を切り出す
パターン2 話をまとめる

パターン 1　話を切り出す

> 🌸 **勉強を始める前に…**
> 次の状況ではどのように言えばいいと思いますか。
> 具体的な例文を作ってください。

- 마음의 준비가 필요할 때　相手に心の準備をさせる。
  　　　 ちょっと残念なニュースがあるんですが…。

- 무슨 말을 할지 말할 때　何について話すか伝える。
  　　　たとえば 実は給料のことで話があるんです。

- 그 밖에　他に「話を切り出す」時にどんな言葉が使えると思いますか。
  　　　たとえば お話というのはなんでしょうか。

他ほかでもない　다름이 아니라	心こころの準備じゅんび　마음의 준비	驚おどろく　놀라다
用件ようけん　용건	ここだけの話はなし　여기에서만 하는 이야기	ショック　쇼크
～の件けん　～건		折おりいって　특별히, 각별히
例れいの話はなし　그때 이야기	改あらためて　새삼스럽게	ややこしい　복잡하다, 까다롭다

116

ミノ 　　部長、お呼びでしょうか。

部長 　　ああ、イム君。まあ、入ってくれ。どうだね、この会社にもすっかり慣れたかね。

ミノ 　　はい、社員の皆さんが親切で、楽しく働けています。

部長 　　うん、それはよかった。

ミノ 　　あの部長、お話というのは…。

部長 　　うん。驚かないで聞いてほしいんだが。

ミノ 　　は、はい。

部長 　　来月、ライバルのひかり電子との間でとても重要なコンペがあるのは知っているね。

ミノ 　　はい、よく存じております。

部長 　　単刀直入に言おう。そのコンペにわが社の代表として出てほしいんだ。

ミノ 　　えっ、わ、私がですか？

パターン 2　話をまとめる

> 🌹 **勉強を始める前に…**
> 次の状況ではどのように言えばいいと思いますか。
> 具体的な例文を作ってください。

- 대화의 요점을 암시할 때　**話の核心をほのめかす。**
  - たとえば　最近我が社も経営が大変でねえ。他の社員には家庭もあるし…。

- 이야기를 정리할 때　**相手の話をまとめる。**
  - たとえば　つまり、私に辞めろということですか。

- 그 밖에　**他に「話をまとめる」時にどんな言葉が使えると思いますか。**
  - たとえば　何が言いたいかわかるでしょ？

つまり　즉	ほのめかす　넌지시 비추다	〜ってわけ　〜라는 말
結局けっきょく　결국	曖昧あいまいだ　애매하다	言いいにくい　말하기 어렵다
一言ひとことで言いうと　한마디로 말하면	はっきり　확실히	やむをえない　어쩔 수 없다
結論けつろん　결론	ズバリ　정통으로	空気くうきを読よむ　분위기를 파악하다
	〜ということ　〜라는 이야기	

118

さなえ　何？用事って。

たけし　あ、あの、ミナちゃんってもうすぐ誕生日だよね。

さなえ　うん、たしか来月の頭だったと思うけど。

たけし　い、いつもよくしてもらってるし、韓国語も教えてもらってるし…あの、それに、日本に来て初めての誕生日だし…だ、だからあの…。

さなえ　何なのよ、はっきりいいなさいよ。

たけし　でも、俺、ミナちゃんがどんなもの好きかよくわからないっていうか…さなえはミナちゃんと仲いいし…。

さなえ　ああもう！まどろっこしいわね！
つまり、大好きなミナちゃんにプレゼントを買ってあげたいから、何がいいか一緒に考えてくれってことでしょ！？

たけし　だ、大好きだなんて言ってないし！

さなえ　違うの？

たけし　い、いや、それは…
ち、違わないけど…。

Activity

A 次のことを相手にやんわりと気づかせるにはどうすればいいか考えましょう。

① さっきから鼻毛が出ている。

② いつも自慢ばかりするからみんな嫌がっている。

③ そろそろ帰ってほしい。

B ふきだしにセリフを入れて会話を完成させてください。

Role-play

相手に言いたいことを伝えたり、反対に相手の言いたいことを読み取る練習をしましょう。 상대에게 말하고 싶은 것을 전하거나 반대로 상대가 하고자 하는 말을 알아차리는 연습을 해 보세요.

STEP ❶

상대에게 전하고 싶은 내용을 룰렛(→160p)을 이용하여 골라 주세요.

準備 相手に伝えたい内容をルーレットを使って選んでください。

STEP ❷

STEP1에서 고른 것을 상대에게 전하기 위해 어떤 표현을 쓰면 좋을지 메모해 보세요. (상대편은 매우 상처 받기 쉬운 성격이라는 설정으로)

準備 STEP1で選んだことを、相手に伝えるためにはどんな言い方をすればいいかメモしてみましょう。(相手はとても傷つきやすい性格という設定で)

> メモ

STEP ❸

다음 힌트를 참고하여 상대편에게 하고 싶은 말을 제대로 전달해 보세요.

下のヒントを参考にして相手に言いたいことをうまく伝えましょう。

① 話を切り出す

> あの、実はちょっと聞いてほしいことが…。

② ほのめかす

> 私は…。

③ 話をまとめる

> つまり（　）ということですか？

④ 相手が傷つかないようなフォロー

> あの、今すぐにってわけじゃないから…。ごめんね。

Lesson 13 >> 121

Exercise

1. (　　)にはどんな言葉が入りますか。a~cの中から選んでください。

① 実はちょっと（　　）ほしい話があるんだけど…。
　　a. 聞いて　　　　　b. 言って　　　　　c. 見て

② 何が言いたいのかわからないので、もうちょっと（　　）言ってください。
　　a. どっきり　　　　b. はっきり　　　　c. さっくり

③ つまり、早く帰って欲しいという（　　）ですね？
　　a. もの　　　　　　b. こと　　　　　　c. ぐあい

2. CDを聞いて(　　)に○か×を入れましょう。×の時は理由も書きましょう。 TR-39

1. 女の人は男の人と一緒に昼ごはんを食べました。(　　)

2. 女の人は男の人に「歯に唐辛子がついている」ということを伝えようとしました。(　　)

3. 男の人は女の人の言っていることの意味を理解しました。(　　)

122

LESSON 14

やまと電気の製品には２つの問題点があります。

テーマ 説得・交渉する2

- **パターン1** 論理的に話す
- **パターン2** 意見を切り返す

パターン 1　論理的に話す

> 🌸 **勉強を始める前に…**
> 次の状況ではどのように言えばいいと思いますか。
> 具体的な例文を作ってください。

- 구체적인 내용을 나타낼 때　**具体的な例やデータを示す。**

　　　　　　　たとえば　例えば、このプランには70%の人が反対しています。

- 문제점을 지적할 때　**相手の問題点を指摘する。**

　　　　　　　たとえば　眼鏡をかけているとラーメンを食べる時にくもってしまって不便です。

- 그 밖에　他に「論理的に話す」時にどんな言葉が使えると思いますか。

　　　　　　　たとえば　これには3つのメリットがあります。

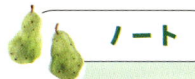

具体的ぐたいてき 구체적	リスク 리스크	落おとし穴あな 함정
抽象的ちゅうしょうてき 추상적	問題点もんだいてん 문제점	見落みおとす 놓치다, 빠뜨리다
主観的しゅかんてき 주관적	弱点じゃくてん 약점, 단점	実際じっさいに 실제로
客観的きゃっかんてき 객관적	改善策かいぜんさく 개선책	
メリット 이점, 장점	解決かいけつ 해결	

ミノ　　　このようにユーザーに対するアンケート調査の結果を見ても、85％がやまと電気の製品に満足しているという結果が出ています。他企業と比べても、わが社の製品の信頼度が非常に高いのがお分かりいただけるかと思います。

ひかり電子社員　　しかし、やまと電気の製品には2つの大きな問題点があります。1つは単価が他企業と比べて平均1500円も高いということ。そしてアフターサービスの問題です。例えば、この部分がダウンした場合、ひかり電子の製品であればその日に無料で新品と交換しますが、やまと電気は基本的に交換はせず修理という形になりますので、その間、お客様を待たせることになります。

パターン | 2　意見を切り返す

 勉強を始める前に…
次の状況ではどのように言えばいいと思いますか。
具体的な例文を作ってください。

- 일부 의견을 인정할 때　相手の意見を一部認める。
  たとえば　確かに、高すぎると思う人もいるかもしれません。

- 자신의 장점을 강조할 때　自分のメリットを強調する。
  たとえば　しかし、スピードの面では絶対の自信があります。

- 그 밖에　他に「意見を切り返す」時にどんな言葉が使えると思いますか。
  たとえば　それは相手側の製品にも言えることです。

 ノート

一般的いっぱんてき　일반적	補おぎなう　보충하다	信念しんねん　신념
克服こくふく　극복	長期的ちょうきてき　장기적	〜の表あらわれ　〜의 표시
確たしかに〜かもしれません	短期的たんきてき　단기적	証拠しょうこ　증거
분명 〜일지도 모른다	一方いっぽう　한편	〜ざるを得えない
カバーする　커버하다		〜할 수 밖에 없다

ミノ　ご指摘がありましたように、確かに、わが社の製品は安くはありませんし、アフターサービスの問題もあります。それは我々も十分に認識していることです。しかし、これらはすべて理由があってのことです。我々が目指すのは「お客様の笑顔」です。買っていただいたお客様に満足していただくために品質のよい部品を使っているため、どうしても単価が高くなってしまいます。また、データはお客様の思い出でもあります。交換をしないのはお客様の大事な思い出をできるだけ傷つけず、引き続きお使いいただきたいからなのです。もちろん、これらの問題点は今後改善しなくてはいけませんが、だからといってわが社のモットーである「お客様の笑顔」のための製品作りはこれからも変わりません。

Activity

- ( )に入る言葉を考えましょう。

　さきほど、「従来のシステムは時代おくれだからいらない」とおっしゃいましたが、私もその意見に（ ① ）否定するわけではありません。（ ② ）、従来のシステムは時代おくれです。（ ③ ）、それにも関わらず私が従来のシステムが必要だと思う理由は2つあります。

　（ ④ ）、従来のシステムは全ての人が利用できるサービスだということです。（ ⑤ ）、新システムは一部のお金のある人（ ⑥ ）利用することができません。これは非常に不平等だと思います。（ ⑦ ）新システムを使うお金のない人が死亡した事件もあります。

　（ ⑧ ）、従来のシステムは将来的のことを考えた場合、長く使い続けることができるという（ ⑨ ）があります。今広く使われている新システムは、長くても5年しか持たないといわれています。

　以上のことから私は従来のシステムを使うことに（ ⑩ ）です。

①（　　　）　②（　　　）　③（　　　）

④（　　　）　⑤（　　　）　⑥（　　　）

⑦（　　　）　⑧（　　　）　⑨（　　　）

⑩（　　　）

ヒント

しかし	そして	完全に	確かに
しか	メリット	まず	一方
実際	賛成		

Role-play

賛成派と反対派に分かれてディスカッションをしてみましょう。
찬성파와 반대파로 나누어 토론을 해 보세요.

STEP ①

話し合うテーマを下から選んでください。(自分たちで作ってもいいです。)

토의할 테마를 아래에서 골라 주세요. (스스로 만들어도 좋습니다.)

- 古い町を壊して新しい町を作る
- 小さいうちから外国語を勉強する
- 学生が先生を評価する
- 100キロ以上の人が飛行機に乗る時は、追加料金を取る
- 小学生が炭酸飲料を飲むのを法律で禁止する
- たばこの値段を今の3倍に上げる

STEP ②

賛成派と反対派に分かれて、会議をしましょう。会議では自分たちの主張と、予想される相手側の反論、そしてそれに対してどう切り返すかを話し合いましょう。

찬성파와 반대파로 나누어 회의를 해 보세요. 회의에서는 자신의 주장과 예상되는 상대편의 반론, 그리고 그것에 대해 어떻게 반론할지를 상의합니다.

自分たちの主張：

予想される相手側の反論：

それにどう切り返すか：

STEP ③

準備ができたらディスカッションをしましょう。先生が審判役をして、どちらが論理的に意見を言えていたか判断しても面白いです。

준비가 되면 토론을 해 보세요. 선생님이 재판관 역할을 하고 어느 쪽이 논리적으로 의견을 말했는지 판단해도 재미있습니다.

Exercise

1. (　　)にはどんな言葉が入りますか。a~cの中から選んでください。

   ① (　　) このアイディアは今の韓国には合わないかもしれません。

   　　a. もし　　　　　　　b. たしか　　　　　　c. たしかに

   ② 欠点を補って余りある (　　) がある。

   　　a. リスク　　　　　　b. メリット　　　　　c. ディスカッション

   ③ ポイントは2つあります。(　　) ソウルから遠いこと、そして周りに何もないことです。

   　　a. そして　　　　　　b. まず　　　　　　　c. だから

2. CDを聞いて(　　)に○か×を入れましょう。×の時は理由も書きましょう。 TR-42

   ① 男の人は日本語を勉強したほうがいいと言っています。(　　)

   ② 女の人は男の人の意見を一部認めてから反論しました。(　　)

   ③ 女の人は結局男の人に説得されてしまいました。(　　)

LESSON 15

そこをなんとか！

テーマ 説得・交渉する3

パターン1 食い下がる
パターン2 妥協する

パターン 1　食い下がる

> **勉強を始める前に…**
> 次の状況ではどのように言えばいいと思いますか。
> 具体的な例文を作ってください。

- 한번 더 부탁할 때

  繰（く）り返（かえ）しお願（ねが）いする。

  たとえば　そこをなんとかお願（ねが）いします。

- 절실함을 표현할 때

  感情（かんじょう）に訴（うった）える。

  たとえば　もうあなたしかいないんです。

- 그 밖에

  他（ほか）に「食（く）い下（さ）がる」時（とき）にどんな言葉（ことば）が使（つか）えると思（おも）いますか。

  たとえば　断（ことわ）ったらどうなるかわかってますか。

ノート

食（く）い下（さ）がる　물고 늘어지다
一生（いっしょう）のお願（ねが）い
평생의 소원
どうか　제발, 부디
そこを何（なん）とか
그 부분을 어떻게든

無理（むり）を承知（しょうち）で
무리인 걸 알지만
恩返（おんがえ）し　보은
崖（がけ）っぷち　벼랑 끝
脅迫（きょうはく）　협박

ただじゃおかない
가만두지 않겠다
卑屈（ひくつ）だ　비굴하다
腰（こし）が低（ひく）い　겸손하다

たけし　なあ、頼むよ。

さなえ　あんたねえ、一体どこの世界に好きな子へプレゼントを渡すのに、友達についてきてもらう男がいるのよ。

たけし　一生のお願い！　お願いします！　さなえ様！

さなえ　一緒に選んであげただけで十分でしょ。男らしく自分で渡して、自分の言葉で告白しなさい。

たけし　そこをなんとか！　こんなこと頼めるのお前しかいないんだよ。なあ、昔からの友達だろ？　ん？

さなえ　だめなものはだめなの！

たけし　なんだよ、こんなに頼んでるのに！

さなえ　ったく、ミナちゃんもこんな男のどこがいいのかしら。

たけし　え、今何て言った？

さなえ　あ！　な、なんでもない！　とにかく絶対だめだからね！

パターン 12　妥協する

> 🌸 **勉強を始める前に…**
> 次の状況ではどのように言えばいいと思いますか。
> 具体的な例文を作ってください。

- 고집을 꺾을 때　　こだわりを捨てる。
　　　　　　　　　　`たとえば` まあ〜いいか。

- 조건을 붙일 때　　条件をつける。
　　　　　　　　　　`たとえば` その代わり、こっちの話も聞いてください。

- 그 밖에　　　　　　他に「妥協する」時にどんな言葉が使えると思いますか。
　　　　　　　　　　`たとえば` まあ、どうせいつかは買わなきゃいけないんだし。

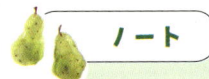

折おれる　꺾이다	交換条件こうかんじょうけん　교환 조건	やむをえない　할 수 없다
要求ようきゅうを飲のむ　요구를 받아들이다	受うけ入いれる　받아들이다	不本意ふほんい　본의 아니다
せめて〜だけでも　적어도 〜만이라도	現実的げんじつてき　현실적	投資とうし　투자
	十分じゅうぶんだ　충분하다	

TR-44

たけし　なあ、どうしてもだめ？

さなえ　あんたもしつこいわね。何回言ったらわかるのよ。

たけし　わかったよ…。もういいよ。そんなに言うなら自分でなんとかするよ。

さなえ　そうそう、分かればいいのよ。

たけし　じゃあ、せめてどんなタイミングで言えばいいかだけでも一緒に考えてくれない？

さなえ　タイミング？ん、まあ…それぐらいならいいか…。

たけし　ありがとう！一生ついていきます！

さなえ　気持ち悪いからやめてよ。

ミナ　　ねえ、二人ともさっきから何話してるの？

たけし・さなえ　うわあ！！

Activity

A 次の①〜⑥の表現を機能によって分類してみましょう。

① こんなに頼んでいるのに！ケチ！

② 上手くいかないとくびになるんです。

③ いつもノートを見せてあげてるじゃないですか。

④ そこを何とかお願いしますよ。

⑤ こんなこと頼めるの頭のいい山田さんしかいないんですよ。

⑥ 答えを教えてくれないと後悔することになりますよ。

プッシュする	情に訴える	おだてる	脅迫する	逆ギレする	恩を着せる

B ふきだしにセリフを入れて会話を完成させてください。

Role-play

ペアで無理なお願いをするロールプレイをしてみましょう。

그룹끼리 힘든 부탁을 하는 롤플레이를 해 보세요.

STEP ❶

부탁을 하는 사람은 무엇에 대해 부탁을 할지 다음에서 골라 보세요.

お願いをする人は何についてお願いをするか下から選んでください。

1 お金をかして！	4 恋人のふりをして！
2 今晩泊めて！	5 お酒をおごって！
3 明日一日携帯電話をかして！	6 かわりにテストを受けて！

STEP ❷

부탁하는 사람은 부탁을 받는 사람에게 이야기를 꺼냅니다. 부탁을 받는 사람은 일단 정중하게 거절해 주세요.

お願いをする人は、される人に話を切り出します。
お願いされた人は、とりあえず丁寧に断ってください。

STEP ❸

부탁을 하는 사람은 다음 힌트를 참고하여 재차 부탁해 보세요. 부탁을 받는 사람은 상대편의 요구를 받아줘도 되겠다 싶을 때까지 거절해 주세요.

お願いをする人は下のヒントを参考にして食い下がってください。お願いされた人は相手の要求を受け入れてもいいと思うまで断ってください。

> **ヒント**
> - プッシュする：この通りです！
> - 自分の置かれた状況を説明する：今、本当にお金がないんです。
> - 情に訴える：私と田中さんの仲じゃないですか。
> - 恩を着せる：この前、カレーライスをおごってあげたじゃないですか。
> - 脅迫する：聞いてくれないと、殴りますよ。

Exercise

1. (　　)にはどんな言葉が入りますか。a~cの中から選んでください。

① そこを(　　)お願いします。

　a. なんとも　　　　b. なんとか　　　　c. なんだか

② (　　)のお願いですから。

　a. 一生　　　　　　b. 平生　　　　　　c. 必死

③ (　　)写真だけでも見てくれませんか。

　a. こめて　　　　　b. ためて　　　　　c. せめて

2. CDを聞いて(　　)に○か×を入れましょう。×の時は理由も書きましょう。 TR-45

① 男の人と女の人は付き合っています。(　　)

_____

② 女の人は最初、男の人のお願いを断りました。(　　)

_____

③ 女の人は結局、男の人のお願いを条件付きで引き受けました。(　　)

_____

LESSON 16

自分の気持ちを隠すのは
やめることにしたんだ。

テーマ 将来の話をする

パターン1 仮の話をする
パターン2 決心する

パターン｜1　仮の話をする

> **勉強を始める前に…**
> 次の状況ではどのように言えばいいと思いますか。
> 具体的な例文を作ってください。

- 가정해서 질문할 때　　仮定して質問する。
　　　　　　　　　　　たとえば もし透明人間になったらどうしますか。

- 꿈이나 희망을 말할 때　夢や希望を語る。
　　　　　　　　　　　たとえば いつか日本で働けたら最高です。

- 그 밖에　　　　　　　他に「仮の話をする」時にどんな言葉が使えると思いますか。
　　　　　　　　　　　たとえば 仮にここが日本だとして…。

仮かりに 만약	希望きぼう 희망	いつか 언젠가
仮定かてい 가정	理想的りそうてき 이상적	～たいものだ ～하고 싶다
想定そうてい 상정	実現じつげん 실현	もしもの話はなし 만일의 이야기
夢ゆめ 꿈	将来しょうらい 장래	

TR-46

ミノ　　ゆうやさん、何ですか、それ。

ゆうや　ああ、宝くじですよ。1等は何と3億円！

ミノ　　へえ、すごいですね。当たるといいですね。

ゆうや　ミノさんはもし3億円が手に入ったらどうしますか。

ミノ　　3億円ですか…。そうですねえ、考えたことないから何とも…。

ゆうや　仕事は続けると思いますか。

ミノ　　ええ、それは。私は今の仕事自体が楽しいですから。3億円が当たったとしても、仕事は続けていきたいです。

ゆうや　でもいつかは韓国のムジゲ電子に戻るんでしょ？

ミノ　　将来的にはそうなるでしょうね。でも、いつかは自分の会社を作って、やまと電気と取り引ができたら最高ですね。

ゆうや　すばらしい夢ですね。応援しますよ。

パターン 12　決心する

 勉強を始める前に…
次の状況ではどのように言えばいいと思いますか。
具体的な例文を作ってください。

- 선언할 때　　　　宣言する。
　　　　　　　　　たとえば　必ず日本に帰ってきます。

___

- 결의를 나타낼 때　決意を示す。
　　　　　　　　　たとえば　きっと有名になってみせます。

___

- 그 밖에　　　　　他に「決心する」時にどんな言葉が使えると思いますか。
　　　　　　　　　たとえば　よーし、決めた！

___

 ノート

宣言せんげん 선언	必かならず 반드시	決心けっしんがつく 결심을 하다
捧ささげる 바치다	～てみせる ～하고 말겠다	誓ちかう 맹세하다
揺ゆらぎない 흔들림 없다	～ことにする ～하기로 하다	覚悟かくごを決きめる 각오하다
決意けつい 결의	心こころを定さだめる 마음을 정하다	腹はらをくくる 단단히 각오하다
約束やくそく 약속		

TR-47

ミナ　　たけし君、何？ 話って…。

たけし　う、うん。あの、これ！ 誕生日おめでとう！

ミナ　　え？ わあ、うれしい！ ありがとう！

たけし　そ、そこにカードもあるからさ…読んでみてよ。

ミナ　　あ…ほんとだ。…え？ …え、えっとこれ…。

たけし　僕の今の気持ちだよ。本当はすごく迷ったんだ。ほら、ミナちゃんってすごく人気者だしさ、僕は何をやってもだめな男だし…。でも、もう自分の気持ちを隠すのはやめることにしたんだ。

ミナ　　たけし君…。

たけし　僕、もっともっと努力して、きっとミナちゃんに似合う男になるよ。

ミナ　　うん…。あの…実はね、私も前からずっと…その、同じ気持ちだったの。

たけし　え？ ほ、本当？

ミナ　　たけし君、これからもよろしくね。

たけし　こ、こちらこそ！ 絶対幸せにしてみせるから！

Activity

A ( )に自由に言葉をいれて文を完成させましょう。

① 2年後までにきっと（　　　　　　　　）。

② 100万あったら（　　　　　　　　　　）。

③ いくらお金があっても（　　　　　　　　　）つもりです。

④ 今日から（　　　　　　　　　）ことにしました。

⑤ 絶対（　　　　　　　　　）ことを誓います。

B ふきだしにセリフを入れて会話を完成させてください。

Role-play

親(1人)と若者(2〜3人)のグループになってロールプレイをしましょう。
(若者グループはできるだけ同じ性別のほうがいいです。)

부모(1명)과 젊은이(2~3명)의 그룹이 되어 롤플에이를 해 봅시다. (젊은 그룹은 가능한 한 같은 성별로 구성하는 것이 좋습니다.)

STEP ❶

부모는 자신의 아이와 결혼하고 싶어 하는 상대에게 질문하고 싶은 내용을 다음에 적으세요.

親は自分の子供と結婚したがっている相手に質問したいことを下に書きます。

> 例) どんな家庭を作りたいのか
> お金のことはどうするか

STEP ❷

젊은 그룹은 부모를 향해 "따님/아드님과 결혼시켜 주십시오."라고 말합니다.

若者グループは親に向かって「娘さん/息子さんと結婚させてください」といいます。

STEP ❸

부모는 STEP1에 적은 것을 질문하면서 젊은이의 결의를 확인합니다. 젊은이는 자신과 결혼을 승낙할 수 있도록 자신의 결심을 어필합니다.

親はSTEP1に書いたことを質問しながら若者の決意をチェックします。若者は自分と結婚させてもらえるように、自分の決心をアピールします。

 理想の家庭って何だと思う?

 えっ、私は…。

STEP ❹

질문이 끝나면 부모는 자신의 자녀가 어떤 사람과 결혼했으면 하는지 결정하고, 왜 그렇게 생각했는지 발표합니다.

質問が終わったら親は自分の子供がどの人と結婚してほしいか決めて、どうしてそう思ったか発表します。

Exercise

1. (　　　)にはどんな言葉が入りますか。a~cの中から選んでください。

① もし十分なお金が（　　　）仕事は続けたいです。

　a. あったら　　　　b. あると　　　　c. あっても

② きっとここを日本一の会社にして（　　　）。

　a. みます　　　　b. みせます　　　　c. みえます

③ 一生、あなただけを愛することをみんなの前で（　　　）。

　a. 誓う　　　　b. 考える　　　　c. 述べる

2. CDを聞いて(　　　)に○か×を入れましょう。×の時は理由も書きましょう。 TR-48

① 女の人は男の人にお金を借りようとしています。（　　）

② 女の人は日本でも、韓国のケランパンの味を変えないつもりです。（　　）

③ 男の人は女の人に投資することにしました。（　　）

チェックリスト

学習を通してつぎのことができるようになったかチェツクしてみましょう。

13 重要な話を切り出すことができる。 ☐

話の内容を簡単にまとめることができる。 ☐

14 例や根拠をあげながら論理的に話すことができる。 ☐

相手の意見に論理的に反論することができる。 ☐

15 受け入れてくれない相手に食い下がることができる。 ☐

相手の意見に妥協することができる。 ☐

16 仮定の上での話をすることができる。 ☐

決心したことを相手に伝えることができる。 ☐

もう完璧 ◎   前よりはできるようになった ○   まだちょっと… △

부록

EXERCISE
정답
및
스크립트

LESSON 1 p.20

1. ① b
② c
③ a

2. Script | TR-03

男　来学期らいがっきの授業じゅぎょうどれをとろうかなあ。

女　「日本語にほんごの発音はつおん」は？あれ、先生せんせいがすごく面白おもしろいんだって。

男　うん、そうらしいね。でも、その代かわりテストがすごく難むずかしいみたいだよ。

女　え、そうなの？じゃあ、この「日本文化にほんぶんかの理解りかい」はどうかなあ。

男　それはけっこう楽勝らくしょうだって聞きいたよ。いっしょにとる？

女　あ、月曜げつようの１限目げんめか…。ちょっと大変たいへんそうね。

男　佐野君さのくんもそれとるって言いってたけど。

女　え？本当ほんとう？じゃあ私わたしも絶対ぜったいとる！

남자: 다음 학기 수업은 어떤 걸 들을까?
여자: '일본어 발음'은? 그거 선생님이 정말 재미있대.
남자: 음, 그런 것 같더라. 하지만 그 대신에 시험이 정말 어렵다는 것 같아.
여자: 아 그래? 그럼 그 '일본 문화의 이해'는 어떨까?
남자: 그건 꽤 쉽다고 들었어. 같이 들을래?
여자: 아, 월요일 1교시네……. 좀 힘들 것 같은데.
남자: 사노도 그거 듣는다고 했었는데.
여자: 응? 정말? 그럼 나도 꼭 들을래!

① × _先生はとても面白いそうです。
② × _楽勝だという話です。
③ ○

LESSON 2 p.28

1. ① a
② b
③ b

2. Script | TR-06

男　この部屋へやについて、何なにか他ほかに質問しつもんはありませんか。

女　あの…ペットは飼かってもいいでしょうか。

男　どんなペットかによりますね。

女　小鳥ことりなんですけど。

男　小鳥ことりねえ…。まあ、鳴なき声ごえがうるさくなければ、飼かってもかまいませんよ。

女　ああ、よかった。あの、洗濯せんたくはいつでもできるんでしょうか。仕事しごとが遅おそく終おわることが多おおくて…。

男　できるだけ、10時じまでにすませるようにしてください。あ、あそこの冷蔵庫れいぞうこは自由じゆうに使つかってもらってかまいません。

女　はい、わかりました。

남자: 이 방에 대해 뭔가 다른 질문 있습니까?
여자: 저~ 애완동물을 키워도 되나요?
남자: 어떤 애완동물인가에 따라 다른데요.
여자: 작은 새인데요.
남자: 작은 새요……. 뭐 지저귀는 소리가 시끄럽지만 않으면 길러도 괜찮아요.
여자: 아~ 다행이다. 저기 세탁은 언제든 가능한가요? 일이 늦게 끝날 때가 많아서요.
남자: 가능한 한 10시까지 끝내도록 해 주세요. 아 저쪽 냉장고는 마음대로 사용하셔도 됩니다.
여자: 네, 알겠습니다.

① × _鳴き声がうるさくなければ飼ってもいいです。
② ○
③ × _自由に使ってもらってもいいです。

LESSON 3　p.36

1. ① a
   ② a
   ③ b

2. Script | TR-09

女　あの、部長ぶちょう…、ちょっとよろしいでしょうか。

男　ああ、沖田おきた君くん、どうしたの。

女　申もうし訳わけありませんが、私わたしの席せきの場所ばしょを変かえてもらえないでしょうか。

男　今いまの席せきに何なにか問題もんだいでも？

女　実じつは私わたし、寒さむいとすぐ風邪かぜをひいちゃうんです。今いまの席せき、窓際まどぎわなので、ちょっと寒さむくて…。

男　そうなんだ。それは大変たいへんだね。でも、他ほかの席せきもみんな埋うまってるしなあ…。

女　あ、それで私わたし、桜田さくらださんに聞ききいたんですけど、席せきをかわってくれるそうです。

男　ああ、そうなの。じゃあ、あとでお昼休ひるやすみにでも、移動いどうしなさい。

女　どうもありがとうございます、部長ぶちょう。これからもっと仕事しごとがんばりますので。

여자: 저, 부장님……, 잠깐 괜찮으세요?
남자: 아아, 오키타 씨 무슨 일이야?
여자: 죄송합니다만, 제 자리를 바꿀 수 없을까요?
남자: 지금 자리에 뭔가 문제라도?
여자: 사실은 제가 추우면 바로 감기에 걸려요. 지금 자리는 창가라 좀 추워서…….
남자: 그렇군. 그거 큰일이네. 하지만 다른 자리도 다 꽉 찼고…….
여자: 아, 그래서 저 사쿠라다 씨에게 물었는데요 자리를 바꿔 준다고 해요.
남자: 아, 그래? 그럼 나중에 점심시간에라도 바꿔.
여자: 부장님 정말 감사합니다. 앞으로도 더욱 열심히 일하겠습니다.

① ×　女の人が男の人にお願いをしています。
② ○
③ ○

LESSON 4　p.44

1. ① a
   ② b
   ③ a

2. Script | TR-12

女　部長ぶちょう、およびでしょうか。

男　ああ、こないだの件けんだけど、考かんがえてくれたかな。

女　はい…あのあと家いえに帰かえって家族かぞくとも相談そうだんしたんですが…やっぱり、2年間ねんかんもインドで働はたらくのは難むずかしいと思おもいます。

男　そうか…。私わたしはうちの部ぶで一番いちばん英語えいごが上手うまくて、仕事しごともできる君きみに行いって欲ほしかったんだが。

女　条件じょうけんもすごくいいし、私わたしの専門せんもん分野ぶんやも活いかせるすごくいい話はなしなのはよくわかっているんですが、病気びょうきの母ははを置おいていくわけにはいかないと思おもいまして…。せっかくいいお話はなしをいただいたのに、申もうし訳わけありません。

男　うん…それはしょうがないね。わかった。他ほかの人ひとを探さがすことにするよ。

女　わかっていただいて、ありがとうございます。そのかわり今いままで以上いじょうに仕事しごとがんばりますので。

る？それにこの家でビール飲むのあなたしかいないじゃないの。だったら、ビールがなくなったら買いに行けばいいでしょ。

男　忙しくて買いに行く時間がないのもわからないのか。いいから早く行って来いよ。

女　へえ、毎晩飲み歩く時間はあって、ビールを買いにいく時間はないんだ。まったくあきれちゃうわ。それぐらいのおつかい、小学生でも出来るわよ。

男　うるさいな、あれは付き合いだからしょうがないんだよ。

女　とにかく、そんなにビールが飲みたかったら、これからは自分で買ってきてよね。

남자: 이봐, 냉장고에 맥주가 없어.
여자: 그게 어떻다는 거야?
남자: 맥주 떨어지기 전에 바로 채워 넣으라고 했잖아. 빨리 사 와.
여자: 무슨 말 하는 거야? 명령하지 말아 줄래? 그리고 이 집에서 맥주를 마시는 건 당신뿐이잖아. 그렇다면 맥주가 떨어지면 사러 가면 되잖아.
남자: 바빠서 사러 갈 시간이 없다는 것도 모르는 거야? 알았으니까 빨리 다녀와.
여자: 아~ 매일 밤 술 마시며 돌아다닐 시간은 있고, 맥주를 사러 갈 시간은 없구나. 정말 어이없어. 그 정도 심부름이라면 초등학생도 할 수 있어.
남자: 잔소리는, 그건 접대니까 어쩔 수 없는 거라고.
여자: 어쨌든 그렇게 맥주가 마시고 싶다면 앞으로는 스스로 사 와.

① ○
② ○
③ ○

2. Script | TR-27

男　お客様の大切なドレスを汚してしまい、本当に申し訳ありませんでした。

女　謝って済む問題じゃありませんよ。どうしてくれるんですか。

男　もちろん、責任を持ってきれいにクリーニングさせていただきます。

女　クリーニングって…。これは今日のパーティに着て行くためのドレスなんですよ！

男　そうでしたか…。では、こちらで全く同じドレスを用意いたしますので…。

女　パーティまであと2時間しかないのに、大丈夫なんですか。

男　はい、ご安心ください。

女　二度とこんなことが起きないように、レストランの従業員の教育をしっかりしてくださいよ。

男　はい、もちろんです。ご迷惑をおかけして本当に申し訳ありませんでした。

女　まったくもう…。

男　あと、こちらはお詫びといっては何なんですが、当ホテルの5回分の無料宿泊券です。どうぞ、お受け取りください。

女　わかりました。本当にこれからは気をつけてくださいね。

남자: 손님의 소중한 드레스를 더럽혀 정말로 죄송합니다.
여자: 사과한다고 끝날 문제가 아니에요. 어떻게 해 줄 건가요?
남자: 물론, 책임지고 세탁해 드리겠습니다.
여자: 세탁이라니. 이건 오늘 파티에 입고 갈 드레스란 말이에요!
남자: 그러셨군요. 그럼, 저희 쪽에서 똑같은 드레스를 준비할 테니…….
여자: 파티까지 앞으로 2시간밖에 없는데 괜찮을까요?
남자: 네, 걱정 마세요.
여자: 다시는 이런 일이 일어나지 않도록 레스토랑 종업원 교육 좀 제대로 해 주세요.

LESSON 9　p.88

1. ① a
   ② b
   ③ a

남자: 네, 물론이지요. 폐를 끼쳐 정말로 죄송합니다.
여자: 아 정말~.
남자: 그리고 이건 사죄의 표현이라고 하기엔 뭐 하지만 저희 호텔 5일 무료 숙박권입니다. 꼭 받아 주세요.
여자: 알겠어요. 앞으로 정말 조심해 주세요.

① ○
② × _男の人ではなく、レストランの従業員が汚しました。
③ × _最後には許しました。

LESSON 10   p.96

1. ① b
   ② a
   ③ b

2. Script | TR-30

女　どうぞ、散らかっててすみません。
男　おじゃまします。わあ、素敵な部屋ですね。
女　いえいえ、本当はもっと掃除をしなきゃいけないんですけど。
男　あ、あそこにかかってる絵、いいですねえ。部屋の雰囲気ともぴったりだし。どこで買ったんですか。
女　実はあれ、私が…。
男　え？山口さんが描いたんですか？すごいですね、山口さんにそんな才能があるとは全然知りませんでした。
女　最近ちょっと習いはじめたんです。まだまだ下手ですけど。
男　そんなことないですよ。プロの画家が描いた絵みたいじゃないですか。今の会社やめて画家になってもやっていけるんじゃないですか。
女　もうやめてください。恥ずかしいですから。

여자: 들어와요. 어질러져 있어서 미안해요.
남자: 실례하겠습니다. 와~ 멋진 방이네요.
여자: 아니에요, 사실 좀 더 청소를 해야 하는데.
남자: 아, 저기에 걸려 있는 그림 좋네요. 방 분위기와 딱이고. 어디서 사셨나요?
여자: 사실은 저거 제가……
남자: 네? 야마구치 씨가 그린 건가요? 굉장하네요, 야마구치 씨에게 그런 재능이 있는 줄 전혀 몰랐어요.
여자: 최근에 조금 배우기 시작했어요. 아직 잘 못하지만요.
남자: 아니에요. 프로 화가가 그린 그림 같잖아요. 지금 회사 그만두고 화가가 되어도 괜찮을 것 같아요.
여자: 그만하세요. 쑥스러우니까.

① × _男の人が女の人の部屋に遊びに来ました。
② × _男の人に絵をほめられましたが、女の人は否定しました。
③ × _画家になってもやっていけると言いましたが、本気で会社をやめてほしいと思っているわけではありません。

LESSON 11   p.104

1. ① a
   ② b
   ③ a

2. Script | TR-33

女　どうしたんですか、さっきからため息ばかりついて。
男　ええ、ちょっと悩んでることがあって…。
女　それは大変ですね。あの、私でよかったら相談に乗りますけど。
男　実つは好きな人がいるんですけど、どうやって気持ちを伝えればいいか…。
女　どこで会った人なんですか。
男　会社に来るまでにあるコンビニの店員さんなんです。

女　じゃあ、むこうは木下さんのこと知らないかもしれないですね。そういう時は、毎日同じ時間に行って、同じ物を買い続けるんですよ。

男　同じ時間に同じ物を？

女　ええ、そうすればその人も木下さんのこと覚えてくれるはずですから。

男　なるほど、それはいい考えですね。

女　実はこれ、私の主人が私に使った方法なんですけど、けっこう効果ありますよ。

여자: 무슨 일 있어요? 좀 전부터 한숨만 쉬고.
남자: 네, 좀 고민하고 있는 게 있어서…….
여자: 힘들겠어요. 저기, 저라도 괜찮다면 상담해 드릴게요.
남자: 사실은 좋아하는 사람이 있는데 어떻게 마음을 전하면 좋을지…….
여자: 어디에서 만난 사람인가요?
남자: 회사에 오는 길에 있는 편의점 직원이에요.
여자: 그럼 그쪽은 기노시타 씨를 모를지도 모르겠네요. 그럴 때는 매일 같은 시간에 가서 계속 같은 물건을 사는 거예요.
남자: 같은 시간에 같은 물건을?
여자: 네, 그렇게 하면 그 사람도 기노시타 씨를 기억할 거예요.
남자: 그렇구나, 그거 좋은 생각이네요.
여자: 사실은 이거 제 남편이 저에게 쓴 방법인데, 꽤 효과가 있어요.

① ×　_女の人が聞きだしました。
② ×　_好きな人のことで悩んでいます。
③ ○

LESSON 12　p.112

1. ① a
　② b
　③ a

2. Script | TR-36

男　梅村さん、話聞きましたよ。大変だったでしょう。

女　えっ、黒木さんの耳にまで届いてるんですか。はずかしいわ。

男　それにしても災難でしたね。社長のとなりの席になるなんて。

女　ええ、社長のとなりに座ると飲まされるとは聞いていましたが、噂以上でした。

男　でも、うちの課でいちばんお酒がつよい梅村さんが記憶をなくすなんて、よっぽどたくさん飲んだんでしょうね。

女　ええ…あと、社長がすぐそばにいるので緊張してしまったんだと思います。

男　いやあ、僕なんか考えただけで倒れそうですよ。家にはちゃんと帰れたんですか。

女　それが…気がついたら家の玄関の前で寝てたんです。

男　えっ！？それは寒かったでしょう。風邪とか大丈夫ですか。

남자: 우메무라 씨, 이야기 들었어요. 힘들었죠.
여자: 아, 그 이야기가 구로키 씨에게까지 갔나요. 부끄럽네요.
남자: 그건 그렇고 정말 고통스러웠겠네요. 사장님 옆 자리에 앉게 되다니.
여자: 네, 사장님 옆 자리에 앉으면 억지로 마셔야 한다고 들었는데 소문 이상이었어요.
남자: 하지만 우리 부서에서는 가장 술을 잘 마시는 우메무라 씨가 기억이 끊기다니 어지간히 마셨나 봐요.
여자: 네……. 그리고 사장님이 바로 옆에 있어서 긴장했기 때문인 것 같아요.
남자: 정말 저는 생각만으로도 쓰러질 것 같아요. 집에는 잘 들어갔나요?
여자: 그게……. 정신을 차리고 보니 집 현관 앞에서 자고 있었어요.
남자: 네? 정말 추웠겠네요. 감기라도 걸린 거 아니에요?

① ○
② ×　_お酒が強いです。
③ ○

LESSON 13   p.122

1. ① a
   ② b
   ③ b

2. **Script | TR-39**

女　あ。
男　どうしたんですか？
女　あの…お昼ひるご飯はん何なんでしたか？
男　お昼ひるご飯はんですか？キムチチゲでしたけど。いやあ、おいしかったなあ。
女　あれって食たべた後あと、歯はに唐辛子とうがらしとか付つきますよね。
男　まあ、そうかもしれませんね。
女　田村たむらさん、さっきトイレ行いったときに鏡かがみ見みました？
男　え？ええ。見みましたよ。
女　何なにか気きづきませんでしたか？
男　いや、別べつに…いつもながらいい男おとこだなって…。で、何なにが言いいたいんですか？
女　い、いえ…もういいです。

여자: 아.
남자: 무슨 일인가요?
여자: 저기……. 점심 메뉴 뭐였나요?
남자: 점심 메뉴 말인가요? 김치찌개였는데요. 아~ 정말 맛있었어요.
여자: 그거 먹고 나면 이에 고춧가루 같은 것 끼죠.
남자: 뭐, 그럴지도 모르죠.
여자: 다무라 씨, 좀 전에 화장실 갔을 때 거울 봤어요?
남자: 네? 네. 봤어요.
여자: 뭔가 눈치 못 챘어요?
남자: 아니요. 별로…… 언제나처럼 괜찮은 남자구나…… 하고. 그래서 무슨 말이 하고 싶은 건가요?
여자: 아, 아니요. 그만 됐어요.

　① × _別々に食べました。
　② ○
　③ × _最後まで理解できませんでした。

LESSON 14   p.130

1. ① c
   ② b
   ③ b

2. **Script | TR-42**

男　日本にほんの人口じんこうと中国ちゅうごくの人口じんこうを比くらべれば、どうして日本語にほんごより中国語ちゅうごくごを学まなんだほうがいいかは明あきらかです。中国語ちゅうごくごを勉強べんきょうすれば、日本語にほんごよりはるかにたくさんの人ひとと話はなしができるようになります。

女　確たしかに、中国語ちゅうごくごを勉強べんきょうする時とき、その言葉ことばを使つかう人ひとの多おおさは大おおきなメリットだと思おもいます。しかし、こちらのグラフをご覧らんください。これを見みると、中国語ちゅうごくごを勉強べんきょうした人ひとの多おおくは、早はやい時期じきにドロップアウトしているのがわかります。初級しょきゅう学習者がくしゅうしゃの数かずでは中国語ちゅうごくごの方ほうが多おおいですが、上級じょうきゅう学習者がくしゅうしゃを見みるとそれが逆転ぎゃくてんしています。これは、日本語にほんごは韓国人かんこくじんにとって続つづけやすい言語げんごであるということです。

男　しかし、多おおくの学習者がくしゅうしゃが「日本語にほんごは上級じょうきゅうになればなるほどわからなくなる」と考かんがえているというデータもありますが。

女　逆ぎゃくに言いえばそれこそが日本語にほんごの魅力みりょくでもあります。つまり「わからなくなる」という答こたえは「もっと知しりたい」という気持きもちの表あらわれであるとも考かんがえられるからです。

남자: 일본의 인구와 중국의 인구를 비교하면 왜 일본어보다 중국어를 배우면 좋은지가 명확해집니다. 중국어를 공부하면 일본어보다 훨씬 많은 사람과 이야기할 수 있습니다.

여자: 확실히 중국어를 공부할 때, 그 말을 쓰는 사람이 많은 것은 큰 장점이라고 생각합니다. 그러나 이쪽 그래프를 봐 주세요. 이것을 보면 중국어를 공부한 사람 대부분은 빠른 시기에 그만두는 것을 알 수 있습니다. 초급 학습자의 수에서는 중국어 쪽이 많습니다만 중급 학습자를 보면 그것이 반대입니다. 이것은 일본어는 한국인에게 학습을 계속해 나가기 쉬운 언어라는 것입니다.

남자: 그러나 많은 학습자가 '일본어는 상급이 될수록 이해하기 힘들다'고 생각하고 있다는 데이터도 있는데요.

여자: 반대로 말하면 그것이 일본어의 매력이기도 합니다. 즉 '이해하기 어렵다'라는 대답은 '좀 더 알고 싶다'는 마음의 표현이라고도 생각할 수 있기 때문입니다.

① × _中国語を勉強したほうがいいと言っています。

② ○

③ × _最後まで日本語を勉強したほうがいいと言いました。

LESSON 15 p.138

1. ① b

   ② a

   ③ c

2. Script | TR-45

男　あのう、ちょっとお願ねがいがあるんですが。

女　はい、なんでしょうか。

男　明日あした一日いちにちだけ、僕ぼくの彼女かのじょになってほしいんです。

女　え？何なにを言いってるんですか？

男　実じつは、田舎いなかにいるうちの親おやが結婚けっこんしろってうるさくて…それで、僕ぼくは恋人こいびとがいるって言いっちゃったんですよ。そしたら明日あした東京とうきょうに出でてくるって言いうんです。

女　すみませんけど、お断ことわりします。そんな演技えんぎする自信じしんありませんので。

男　そんなこと言いわないでお願ねがいしますよ。僕ぼくとあなたの仲なかじゃありませんか。

女　誰だれか他ほかの人ひとに頼たのんでください。

男　何なにもしゃべらなくて結構けっこうです。せめて横よこに座すわっているだけでも…。お願ねがいします。本当ほんとうに困こまってるんです。

女　じゃあ、一ひとつ条件じょうけんをつけてもいいですか。

男　ええ、何なんでも！何なんですか。

女　今度こんどの九州きゅうしゅうへの視察しさつ、代かわりに行いってください。

男　九州きゅうしゅうですか…。いいでしょう！わかりました。じゃあよろしくお願ねがいしますよ。

남자: 저기, 부탁이 있는데요.

여자: 네, 뭔가요?

남자: 내일 하루만 제 여자 친구가 되어 주었으면 해요.

여자: 네? 무슨 말을 하는 거예요?

남자: 사실은 고향에 계시는 부모님이 결혼하라고 재촉하셔서…… 그래서 저에겐 여자 친구가 있다고 말해 버렸어요. 그랬더니 내일 도쿄에 오신다고 하세요.

여자: 죄송합니다만, 거절하겠습니다. 그런 연기할 자신 없어요.

남자: 그런 말 하지 말고 부탁해요. 우리 친한 사이잖아요.

여자: 누구 다른 사람에게 부탁하세요.

남자: 아무 말 하지 않아도 괜찮아요. 적어도 옆에만 앉아 있는 것만이라도……. 부탁해요. 정말 곤란한 상황이에요.

여자: 그럼, 한 가지 조건을 붙여도 되나요?

남자: 네, 뭐든지! 뭔가요?

여자: 이번 규슈 시찰, 대신 가 주세요.

남자: 규수 말인가요……. 좋아요! 알겠어요. 그럼 잘 부탁합니다.

① × _付き合っていません。

② ○

③ ○

LESSON 16 p.146

1. ① c
   ② b
   ③ a

2. **Script | TR-48**

男　どうして日本にほんでケランパンビジネスをしたいと思おもったんですか。

女　韓国かんこくに遊あそびに来きた日本にほんの友人ゆうじんが韓国かんこくのケランパンを食たべて、すごくおいしい、日本にほんに持もって帰かえりたいと言いったのがきっかけです。

男　しかし、日本にほんには韓国かんこくよりはるかに様々さまざまなパンがあります。そこでケランパンが勝負しょうぶできると思おもいますか。

女　今いま、日本にほんの人ひとたちは韓国かんこくの文化ぶんかに非常ひじょうに興味きょうみを持もっています。特とくにケランパンは日本にほんではまだほとんど紹介しょうかいされていませんし、新あたらしい物好ものずきな日本人にほんじんの興味きょうみを引ひくことができると思おもいます。味あじも日本人にほんじん向むけに工夫くふうすれば十分じゅうぶんに勝負しょうぶできると思おもいます。

男　ずいぶん自信じしんがあるようですね。

女　はい、キム社長しゃちょうが投資とうししてくださるなら、私わたしはこのビジネスできっと成功せいこうしてみせます。

男　なるほど、もし日本にほんでビジネスを成功せいこうさせたらその後あとはどうするつもりですか。

女　私わたしは一生いっしょうをケランパンに捧ささげようと誓ちかいました。日本にほんでの成功せいこうの後あとは、他ほかのアジアの国々くにぐにに、そしていつかはアメリカでもケランパンビジネスをしようと思おもいます。

男　わかりました。私わたしもあなたの決意けついを信しんじることにしましょう。

남자: 왜 일본에서 계란빵 사업을 하려고 마음먹었나요?
여자: 한국에 놀러 왔던 일본 친구가 한국의 계란빵을 먹고 정말 맛있다, 일본에 가져가고 싶다고 말한 것이 계기입니다.
남자: 그러나 일본에서는 한국보다 훨씬 다양한 빵이 있습니다. 그런 점에서 계란빵으로 승부를 겨룰 수 있다고 생각하나요?
여자: 지금, 일본 사람들은 한국의 문화에 많은 관심을 가지고 있습니다. 특히 계란빵은 일본에서 아직 많이 소개되지 않았고, 새로운 것을 좋아하는 일본인의 흥미를 끌 수 있을 것이라고 생각합니다. 맛도 일본인 입맛에 맞게 고안하면 충분히 경쟁할 수 있다고 생각합니다.
남자: 꽤 자신 있어 보이네요.
여자: 네, 김 사장님께서 투자해 주신다면 저는 이 사업을 꼭 성공시키겠습니다.
남자: 그렇군요, 만약 일본에서 이 사업을 성공시킨 다음에는 어떻게 할 생각입니까?
여자: 전 일생을 계란빵에 걸기로 결심했습니다. 일본에서 성공한 다음 다른 아시아 각국, 그리고 언젠가는 미국에도 계란빵 사업을 하려고 합니다.
남자: 알겠습니다. 저도 당신의 결의를 믿어 보지요.

① ○

② ×　日本人の口に合わせたケランパンを開発するつもりです。

③ ○

ルーレット

Lesson 3 (35p) とLesson13 (121p) のRole-Playの中でルーレットのように使うことができます。

1. 目を閉じます。
2. 円の中心に鉛筆を立てます。
3. 指をはなして鉛筆を倒します。

Lesson 3_35p

- お金がないのでご飯をおごってほしい。
- 目覚まし時計がこわれたので、モーニングコールをしてほしい。
- ノートパソコンを一日かしてほしい。
- 一緒に映画を見てほしい。
- 家族に日本語を教えてほしい。

Lesson 13_121p

- 夜遅くの電話は迷惑なのでかけてこないで！
- もうちょっとおしゃれをして！
- 私のパソコンを勝手に触らないで！
- いつも遅刻をしてこないで！
- ダイエットして！